·民·国·人·物·传·记·丛·书·

People·History

孙中山画传

韩文宁　著

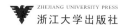
浙江大学出版社

目　录

楔 子

风云变幻，世事沧桑，历史无情，岁月有痕。顽强的家族，总是在磨难中，一代又一代地延续着。

孙中山的先祖出自河南陈留县，其时间要追溯到公元8世纪以前的唐朝，那是中华帝国最为辉煌的一页。几番耕耘，几番收获，到了唐僖宗（873—888）时期，远祖孙拙已当上了两浙节度使。

其后，其子孙讷因有军功，被封为东平侯，引兵征战闽越江右间，屯虔州虔化县（今江西宁都县）。因政绩卓著，深得士民爱戴，遂定居于此。此后，历五代，到了孙承事，迁徙至福建长汀之河田。

到了明永乐年间（1403—1424），其后世子孙友松几经动迁，落户至广东东莞县，是为粤之该族始祖。又过了十一代，至孙鼎标，已是明清交替之际，他随钟丁先起义抗清，勇敢善战，屡败强敌，为钟所器重，曾一日升官三级，时人称其住宅为连升馆。此后，鼎标公兵败，族人多离散，其子孙连昌，迁居增城。康熙年间，再迁居香山县涌口门村，是为孙家驻足斯地之肇始。又过了两代，至连昌公之孙孙殿朝起，才至翠亨村安家。

在这千余年的世纪转换中，孙氏一族，从中原至两浙，从江西到福建，最终徙居广东。其后，殿朝公生恒辉公，恒辉公又生敬贤公，而敬贤公则生达成、学成、观成三子。其中长子达成娶同邑隔田乡杨腾辉之女，又生三子，长子德祐，早丧；次子德彰，即孙眉；三子德明，乃为孙中山。孙中山还有两姐孙妙茜和孙金星以及一妹孙秋绮，其中二姐孙金星夭亡。

历史常常就是这样，伟人诞生之地，并非占尽地利。地处今日广东中山市的翠亨村，若不是有成大器者为之作注脚的话，它就是广袤大地上毫不起眼的一分子。一个本是鲜为人知的偏僻小山村，因为从这里走出一位20世纪中国的伟人——中国民主革命的先驱孙中山而闻名遐迩。

一听到翠亨村这个名字，马上就联想到生命之绿，眼前顿时浮现出一片葱郁的景象。翠亨村正是如此，它背负犁头山，三面临海，山清水秀，树木苍翠，佳景天成，宛若画中之画。

如果按照中国传统的农耕方式，在这封闭的小山村中，春种秋收，生儿育女，和和睦睦，过着"世外桃源"的生活，是多么令人向往。可现实生活中偏偏相异，青山绿水的翠亨村却土地贫瘠，不宜耕种，这对

于靠土地生存的农民来说实是一种不幸。生活无着，无奈之下，许多人只能背井离乡，远走他处，到外地谋生。特别是近代以来，广东因地缘优势，与海外互通有无，得风气之先，许多人便出国闯荡天下。

俗话说，有一弊就必有一利，香山县因土质不好无田可作，这本是致命的缺陷，却因此成全了许多人。如果他们固守家园，或许连基本的生计都无法维系，但他们纷纷出洋谋生，虽说很苦，但几代下来，不少人都能在当地立足，有的还资产丰厚。这似乎应验了老子的那句名言："祸兮福所倚，福兮祸所伏。"当然，尽管移居海外是改善家境可供选择的一种尝试，但要甘冒风险，发财者毕竟还是少数，许多人都客死

■ 翠亨村全景

异乡。

　　孙中山的家乡广东，有着光荣的革命传统，1840年爱国军民抗击英国侵略者，就是从这里肇始的。太平天国农民运动的领导人，也是在此地形成了他们的斗争思想。斗争，在这块土地上从未间断过。

　　自19世纪中叶以来，西风东渐，西方的社会、政治思潮之风最先刮向有着南国之称的广东沿海地区，由此这里涌现了不少学术上、政治上的著名人物。香山县最有名的学者，当属清末著名的洋务派人物郑观应，他著有《盛事危言》一书，是中国思想界中一部较早地认真考虑从传统社会向现代社会转变的著作。全书贯穿着"富强救国"的主题，对

■ 广东省香山县翠亨村——孙氏家族的居住地

■ 孙中山父亲孙达成和母亲杨夫人像

政治、经济、军事、外交、文化诸方面的改革提出了切实可行的方案，给甲午战败以后沮丧、迷茫的晚清末世，开出了一帖拯危于安的良药。稍晚一点的容闳，则是中国近代史上首个留美学生，毕业于著名的耶鲁大学，被称为"中国留学生之父"。他为国人打开了一扇窗，使他们能以既不是傲慢无知亦不是自卑恐惧的心态去看待外部世界，从而接触到了另一种人类思想的闪光。他的现代化思想和教育兴国计划，对当时的中国曾产生不小的影响。

在这样一种历史背景和社会环境下，孙中山耳濡目染，受之熏陶，对他后来的成长和观念的形成，有很大的帮助。既然19世纪为中国、为孙中山提供了如此充分的酝酿与准备，那20世纪的深刻变革，似乎也就

■ 容闳

■ 第一批赴美留学的幼童

心殷救世志在成真

大埔張振勳敬題

垂簾塞兑抱一守申
欲鑄神劍徧訪仙翁
高要梁應綿敬題

宦庭韓非儒道通人

村鶴山人七十歲小影

剛方正直不合時宜
志在救世公不顧私
勇於為善怨勿報
清廉自大中歲知
卑事此公知音其雄
辛亥王縣天槃亦題

■ 郑观应《盛世危言》书影

■ 郑观应像

势不可挡了。

孙中山生于1866年11月12日，他呱呱落地之时，无论是自己的家庭还是现实社会，都没有向他展示瑰丽的色彩，他的童年是在闭塞的乡村度过的，是与贫穷、落后和苦难为伍的。

苦涩的童年，给孙中山留下了深刻影响。这既磨炼了他的坚强意志，又使他隐约感到社会不公，在他幼小的心田里，常常溅起不满现实的浪花。但那仅仅是孩提时代的朴实童心，"人之初性本善"，他尚未能真正懂得这罪恶的渊薮。

孙中山的青年时代，曾抱定学医救人的理想，但最终还是选择了"医国"之道，种种不平等的现象，最终使他认识到封建制度的没落和

■ 1883年的孙中山

腐朽，而只有彻底消灭这罪恶的肌体，国家、百姓才有希望。"天将降大任于斯人也"，孙中山正是抱着这种"舍我其谁"的不懈信念，开始了他漫漫而艰辛的革命征程。

从1894年至1911年这段时间，孙中山与其他革命志士一起，栉风沐雨，踏险而行。从组织兴中会到建立同盟会，从发展革命组织到建立宣传阵地、与保皇派进行论战，从发动萍浏醴起义、广州起义，到黄花岗起义……最终，辛亥革命推翻了中国几千年的封建帝制，建立了新的共和国，取得了社会革命历史性的突破和成功。

以孙中山为代表的革命党人所历经的20年腥风血雨，似乎只用以上几句话就可以概括，但其中的艰辛和困难，又有谁知？要知道，在一个强大的、顽固封建的老大帝国中，要想变革，要想改朝换代，没有坚强的信念、不屈的斗志和力拔山兮的气概，焉能有为？但他最终做到了。

孙中山的一生，筚路蓝缕，备尝艰辛。他身怀救国救民的迫切心情和坚强信念，勇往直前，虽屡败屡战，仍执着如初，努力践行他的远大抱负和理想。这种决心，凸显了中国几千年来最可贵的精神，令人钦佩和敬仰。

现在，就让我们展开这一历史画卷，以全景的方式去领略孙中山的革命征程和中国人民对他的怀念之情。

一

治病之术与"医国"之道

传统中国社会中，人的名字比较复杂，既有族名、又名、曾用名，还有字、号、又号，以及化名、笔名、室名等多个称谓，不一而足，让现代人很难厘清。孙中山亦是如此，他幼名"帝象"，谱名"德明"，稍长取名"文"，字"载之"。从事革命活动后，又曾化名"中山樵"等，"中山"之名即由此而来。很长一段时间，身处海外的孙中山，其英文签名都用Sun Yat-sen（孙逸仙），故此名为国际所熟知。而国人多称他为"孙中山"。日本人则呼之为"孙文"，他自己在公文、函电中亦多署该名。俗话说"行不改名、坐不改姓"，但为了革命需要，以及迫于复杂的情势，孙中山曾多次改换姓名，如"高野长雄"等。据考证，已知他行世的名号，多达62个，其中最著名和传世的当属"中山"。

从上可以看出，孙中山当时处世维艰，在那个黑暗如长夜的专制时代，革命与自戕，几为一语，造反是要杀头的。但孙中山信念坚定，披荆斩棘，不言放弃。

在孙中山的一生中，他的兄长孙眉值得一提。由于家贫，16岁的他只读了4年书就跟随舅父杨文纳去了檀香山打工，后转到夏威夷垦荒耕种。由于孙眉经营有方，积累了丰裕的资财，不仅对整个家庭帮助很大，对胞弟的革命活动，其支持尤为突出。

在兄长的帮助下，孙中山入私塾识字，眼界渐开，充满好奇的他不愿做"井底之蛙"。1879年他随母亲远赴美国檀香山，此行对孙中山触动不小，曾言"自是有慕西学之心，穷天地之想"，他的心智终被开启，从此一发不可收。

孙中山不满足在兄长店中做帮手，他提出要去读书，同年9月，少年孙中山进入英国基督教圣公会主办的意奥兰学校。学校的课程新颖，

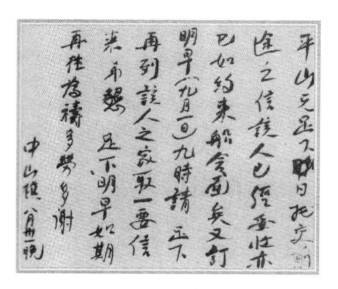

■ 孙中山在日期间署名中山樵，孙中山因此得名。图为他致平山周之函

■ 1879年秋至1883年夏，孙中山先后在檀香山意奥兰和欧瓦胡书院学习。图为意奥兰书院旧址

方式方法也与中国传统的死记硬背有别，诚如他所说，"新法之善，远胜吾乡"，这对于一个从广东农村走出的少年而言，无疑有着相当的吸引力和冲击力。

　　3年的刻苦学习，孙中山以优异的成绩毕业。其后，孙眉因业务扩大需要帮手，原打算继续深造的孙中山只好暂时先为其兄打理店铺。到了秋季，他入欧瓦胡书院学习。

　　孙眉虽然去美多年，却始终坚守中国传统的信仰和社会习俗，而入教会学校读书的孙中山，则深受基督教的浸淫，被引入了"歧途"。因此，中西冲突，便不时在兄弟之间发生。弟弟的激烈言论，与传统礼俗有悖，孙眉原本希望他学成之后能为自己分担家业，现在看来几无可能，遂决定送其回国。见兄长态度坚决，孙中山只能从命。

■ 孙中山之兄孙眉

■ 孙眉在檀香山茂宜岛的
住所。孙中山在檀香山读
书期间就住在此。

1883年仲夏，孙中山回到了阔别5年的家乡。这年11月，他前往香港，入拔萃书院求学。是年冬，他和好友陆皓东正式受洗入教，登记册上署名"孙日新"，其后，道济会堂长区凤墀依他名字之粤语谐音，改为"逸仙"。次年4月，他又转入香港中央书院读书。11月，奉兄长之命，再赴檀香山协助他经营。1885年4月返国，8月前往香港复学。这一次他选择了从医，并非是一改救国之初衷，而是"以学堂为鼓吹之地，借医术为入世之媒"。当年夏，孙中山返乡与同邑卢耀显之女卢慕贞成婚。

1886年秋，孙中山入广州南华医学堂学习，一年后又转入香港西医书院。在两地求学期间，孙中山结识了不少有志之士，他常与好友陈少白、尤列、杨鹤龄三人议论时政，抨击朝廷，阐述革新抱负，被时人视为大逆不道，称之为"四大寇"。不过，他们当时还仅仅处在谈论如何使国家富强的萌发阶段，并无明确的思路。

在港读书期间，通过与西医书院创始人何启等人的接触，孙中山对改良主义有了较多了解，这对他思想的形成多有影响，他对清政府也抱有若干幻想，期望统治者能够自我革命，摒弃旧制，推陈出新。

1889年，孙中山小试牛刀，写就了一份《致郑藻如书》。郑氏为香山籍学者和官吏，善办洋务，曾以三品衔大臣出使美国。他认为郑藻如"一邑物望所归，闻于乡间，无善不举"，而致书向其建议兴农桑、禁鸦片、办教育。该文虽无多少创见，但言之有物，初见改良思想端倪，显现了孙中山丰富的精神世界和良好的救世愿景。不过，"改良救国""实业救国""教育救国"和"科学救国"固然重要，但对腐朽没落的中华帝国和顽固守旧的统治者而言，非革命不足以推动历史进程，对此，当时的孙中山尚未形成定识。

■ 区凤墀　　　　　■ 何启　　　　　■ 孙中山的原配夫人卢慕贞
　　　　　　　　　　　　　　　　　　　（1867—1952）

■ "四大寇"（左起）：杨鹤龄、孙中山、陈少白、尤列(摄于1911年)

■ ① 伍廷芳

② 郑藻如

③ 孙中山最初悬壶济世的澳门镜湖医院正门外景

1892年9月，孙中山毕业后即于澳门、广州悬壶济世。他医术精到，一时"病家趋之若鹜"。但孙中山心存高远，有"鸿鹄之志"，不满足只做一个医治疾病的良医，他更关心国家民族的"痼疾"。匡时救世，显然比"医人"更重要，他的一生正是从医人始而"医国"终。诸葛亮曾有"不为良相，则为良医"之遗训，而孙中山正好从另一面做出了很好的诠释。在他周围，逐渐聚集了一批寻求救国之道的志士。

1894年1月，孙中山又跃跃欲试，草就了《上李鸿章书》，并亲往"津门"力陈"救国大计"。选择李鸿章，不仅因为他是权倾一时的朝廷重臣，更因他以兴办洋务闻名，主张变革，力主强国。"投其所好"是为了引起他的共鸣，若能采纳，或许将出现自上而下的中枢变革。该书长8000余言，他提出了自己的灼见，也是问题的核心："窃尝深维欧洲富强之本，不尽在于船坚炮利、垒固兵强，而在于人能尽其才，地能尽其利，物能尽其用，货能畅其流——此四事者，富强之大经，治国之大本也。我国家欲恢扩宏图，勤求远略，仿行西法以筹自强，而不急于此四者，徒惟坚船利炮之是务，是舍本而图末也。"

孙中山最后表示："伏维我中堂（指李鸿章）佐治以来，无利不兴，无弊不革，艰巨险阻犹所不辞。如筹海军、铁路之难尚毅然而成之，况于农桑之大政，为生民命脉之所关，且无行之之难，又有行之之人，岂尚有不为者乎？用敢不辞冒昧，侃侃而谈，为生民请命，伏祈采择施行，天下幸甚。"

在外求学的经历以及耳濡目染，令孙中山眼界大开，学识渐丰。国运兴衰之因，他深有洞察，乃"旁观者清"，而朝廷如坠云雾般混沌不辨，是"当局者迷"，他希望自己能够指点迷津，改变危局。上书显现了孙中山的治国之道，但客观地说，他的这些想法并非原创，而是受到他人的影响和启发。不唯如此，此时孙中山的基本思想并不是革命，而是改革，希冀通过汲取西方发展优良之道，让大清帝国提升造血功能，恢复元气。至于他本人，或许也能为人所识，得以有机会实现自己的救国宏愿。

《上李鸿章书》递上去之际，正值中日战争一触即发之时，李鸿章忙于外交斡旋和军事部署，全无暇日。他是否看过，不得而知，但据说他丢了这样一句话："等打完仗以后再说吧。"当然，这或许就是一托词，此事乃"肉食者谋之"，一个平头百姓何以懂得治国之道？岂不是贻笑大方！

孙中山得到这样的反馈后，知道报国无门。投书的失败，极大地刺激了孙中山，让试图从改良入手的他猛醒：既然"此路不通"，何不另寻他途。上书"遭拒"的机缘，成为孙中山思想转折的节点和分野。"三军可以夺帅，匹夫不可夺志也"，从此，他心中充溢着救亡图存、振兴中华的热望，一举转向"革命"。

但孙中山的革命不唯武力，还有理论上的宣传战，以开启民智。针对保皇派人士所主张的君主立宪，他提出创建民主共和制度。他后来发动的多次起义，并未能动摇清政府的根基，百足之虫，未及要害，死而不僵；而他的思想启蒙，则起到了重要作用，有力地促进和推动了大众意识的觉醒与观念的转变。从武装实力而言，孙中山与洪秀全相比差了许多，而偌大的清帝国不亡于洪、杨，却被孙中山"驱除鞑虏，建立民国"的口号所击垮，何哉？宣传的作用和魅力也。一朝觉醒，便势不可挡。

就在上书李鸿章这一年的11月24日，孙中山在檀香山创立了兴中会，在《兴中会盟书》中，我们看到了"驱除鞑虏，恢复中国，创立合

■ 李鸿章

■ 刊于《万国公报》
的《上李鸿章书》部分

众政府"这样的政治目标，显现出兴中会作为近代资本主义革命小团体的面目。另外制定的《章程》，其字里行间充满救国大义，主要针对处于危局中的国家，力避被"蚕食鲸吞""瓜分豆剖"的厄运。

孙中山具有强烈的进取心，不断寻求和探索救国之道。但客观地说，对于建立什么样的政府，采用何种社会制度，最初，他心里还是没

■ 1894年11月，孙中山在檀香山建立兴中会。图为会员秘密宣誓地点——李昌宅

■ 陈少白

■ 杨衢云

谱，"摸着石头过河"，走一步算一步。只是在接触到西方社会政治体制以后大有触动，这才明确提出了创立"合众政府"的设想。

1895年1月，孙中山应好友宋耀如之邀归国。抵达香港后，旋即召集郑士良、陆皓东、陈少白、杨鹤龄等人商议联络各地同志，扩大兴中会组织。2月21日，香港兴中会召开成立大会，并通过新章程。原香港辅仁文社的领导人杨衢云等欣然加入。

新章程的内容更具体，措辞更激烈，但究其内容，改良色彩依然浓厚，无反清之危言。探求深层动因，或许这是一种应对策略，打着改良的旗号，行反清革命之实。迫于当时的情势，反清只能处于地下状态，具体行事是以秘密的入会《盟书》为指导，而公开的《章程》只是宣传文字，以掩人耳目。在未唤醒民众之前，公开对抗并非是一种明智之

举；而以爱国为宗旨，则能得到多数人的同情和支持，且避免了清政府
和港英当局指责的口实。

还在1894年下半年，孙中山就同陈少白商谈举义之事，这次回港
期间，他在与日本友人梅屋庄吉会面时又谈及："为了拯救中国，我
和同志们正准备发动革命，推翻清朝，发誓创立我们汉民族的真正的
国家。"

香港兴中会成立后，孙中山即全力以赴筹备广州起义，他与杨衢云
等人开会，议决于10月26日即农历重阳节发动起义。具体分工是：孙中
山在广州主持军事，杨衢云在香港负责后方接济，包括筹款、购械、招
募壮士等。陆皓东提议用青天白日旗代替清廷的黄龙旗，获得通过，青
天白日旗从此闻世。经过半年多的努力，准备工作一切就绪，孙中山以
为起义一定能准时发动。

■ 黄龙旗

■ 陆皓东

　　10月26日清晨，各起义军、会党和民团首领聚集在起义总机关候命。就在此时，孙中山不断收到西江、汕头两方面义军领导人发来的电报，由于两路军队受到清军阻击，无法前进，孙中山便临时决定起义延期。当杨衢云接到延期的来电时为时已晚，7箱军械已装上"保安"轮船待运，若是起回极易败露，于是仍命人于27日晚带400义军随船入粤，并复电："接电太迟，货已下船，请接。"

　　其时，杨衢云等人的活动已为港英当局获悉并函电广州，两广总督立即下令全城戒严，派兵搜查农学会总机关，致使陆皓东等6人被捕。"保安"轮甫抵省河，即被官府截获。孙中山获悉后赶紧离开，于29日抵达香港。陆皓东等人遭到严刑威逼，英勇就义。

　　广州起义是孙中山及其兴中会发动的第一次反清武装起义，惜乎，功亏一篑。11月2日，孙中山等人乘船离港赴日。不久，中日甲午战事结束，清政府驻日公使即将复任，外界风传日方有可能要引渡革命党人。此地不宜久留，孙中山遂于1896年1月去了美国檀香山，他先去看望兄长孙眉。其时，孙母杨夫人、妻卢慕贞、儿子孙科、女儿孙娫已先期到达。一家人难得团聚，相见甚欢。小住一段后，孙中山便展开革命活动，由西向东横跨美国大陆，三个月的奔波宣传，他费尽口舌，但收效甚微。

■ 孙中山与孙眉两家在檀香山合影

二

伦敦蒙难与一朝扬名

1896年10月1日，孙中山受其在香港学医的老师、英国人康德黎博士之邀到达英伦，随后遇到一场引人注目的牢狱之险。次年他出版了《伦敦被难记》一书，详细记述了这个突发事件。

孙中山于1895年10月领导广州起义失败后，成为清廷重点缉捕的对象。为防止孙在流亡海外后继续从事反清革命活动，清廷一面通告各驻外使馆密查孙之去向，一面花重金雇佣外国侦探监视孙中山的行踪，以相机缉拿。

孙中山在逃亡美国途中，曾在唐人街作过短暂停留并发表演说，被暗探发现后密告。清廷驻美公使杨儒查明此人即清廷通缉在案的孙中山，但碍于驻外权限一时不便捉拿。在探悉孙即将离美赴英，他便秘密通知清廷驻英公使馆严密监视，见机行事，设法将他引渡回国。

孙中山抵达伦敦后，入住康德黎寓所附近的葛兰旅社。康氏的居所即临近中国驻英公使馆，驻英公使亦早已收到驻美公使的告知信函，故孙中山一踏入"雾都"，就被暗探盯上。一张抓捕之网已经张开，而对这一切，孙中山浑然不知。

10月11日上午，孙中山在赴康宅途中，突被一不知姓名的华人青年喊住，该青年诡称自己是香港留英学生，对孙中山的革命志向万分景仰，力邀孙到其寓所煮茗赐教。其实此人的真实身份是清驻英公使馆中的一名译员，名叫邓廷铿，为贪得清廷通缉奖金，不惜下此恶计。孙中山不知其中有诈，一时丧失警惕，竟随同前行，不意被诱入驻英使馆。他们把孙中山禁锢在三楼，房间里的窗户有铁栅栏，门外加锁，并派专人日夜看守，使他与外界完全隔离。由于看守很严，孙中山多次将密信揉成纸团扔出窗外，期盼有人拾起，通风报信，但每次都被看守发现，无法送出。

①	②
③	

■ ① 清廷驻美公使杨儒
　② 康德黎
　③ 孙中山以英文写就的
《伦敦被难记》一书封面

　　清廷驻英公使龚照瑗见擒获孙中山，为邀功请赏，用7000英镑高价租用了一艘2000吨的轮船，准备将他秘密运回国。如此计得逞，孙中山必遭害无疑。

　　身陷囹圄的孙中山十分焦急，经多次恳请并许诺500英镑，这才说服清洁工科尔，将求救内容写在自己的名片上，请他转交康德黎。"我于星期日被绑架到中国使馆里面，将要被偷运出英国，到中国去受死刑。求即速援救。"另一面除铅印的Dr.Y.S.Sun之外还写有："致康德黎博士，覃文省街四十六号。目前请照应这个送信的人。他很穷，为了

■孙中山伦敦蒙难时被幽禁处——清廷驻英使馆

■ 驻英国公使龚照瑗

替我工作，他不免失业。"

康德黎收到后立即展开营救。为防不测，他先下手为强，将此事公之于新闻界，以此造成一种压力，使清廷驻英公使馆不敢轻举妄动。

《环球报》率先以号外形式对孙中山蒙难进行了报道，其后各报都争相刊载，并采用了"绑架""身陷伦敦""中国公使绑架事件""清使的非常行动"等极富煽动性的标题。在舆论界的大肆鼓噪和渲染之下，孙中山成了一宗"轰动国际绑架案"的主角。报道一经传出，英国一片哗然。此前，英国外交部、内政部等已知此事，并积极采取行动。

嗣后，首相索尔兹伯里照会清廷驻英公使，敦促公使馆限时放人。在伦敦的华侨及具有革命倾向的留学青年亦日日聚集于公使馆门前，高呼"释放孙逸仙"的口号，并有毁掉公使馆的过激言语。在英国政府的介入下，清廷驻英公使无计可施，终于在孙中山被囚12天后将其释放。

清廷因此事而颜面扫地，只得再行悬赏通缉，并将筹码提高到50万元银币。不过赏金再多也无济于事，孙中山遭此之险而幸免于难后，虽历经坎坷，颠沛流离，然则斗智斗勇，再没给清廷这样的机会了。

用"因祸得福""柳暗花明又一村"，以形容孙中山伦敦被难后所引发的效应，实不为过。自1894年在檀香山成立兴中会到次年10月广州起义以来，孙中山仅仅在夏威夷、香港的部分侨胞中和广州的一些会党中有些影响，而国内知识分子阶层和普通百姓并不知其名。即使在兴中会内部，他也不是无可争辩的领袖。清政府之所以对他紧追不放，是因为他利用基督教造反，而并非什么重要人物。如今，经报纸广为传播，不仅使孙中山在国际上声名大振，几乎一夜之间成了华人首屈一指的政治革命家，而且他的革命活动亦逐渐为国人所关注，并得到广泛的同情。

伦敦蒙难，成了孙中山一生中极为重要的经历，这对塑造他的英雄形象以及被公认为中国革命的领袖，起到至关重要的作用。

在英国逗留时期，也是孙中山思想发展的一个重要阶段。他阅读了大量有关书籍，对西方政治结构进行了考察研究，颇有心得。尽管他的三民主义理论体系还未有架构，仍处在一个萌发阶段，但他的认知水平已大大进了一步。他开始明白，革命无论采取何种形式，都是一种普遍的社会进程。外国的月亮不都是圆的，他也看到了西方社会的政治经济体制并非白璧无瑕，这就启发他要结合中国革命的具体实践，走出一条属于自己的道路来。诚如他后来所言："始知徒致国家富强，民权发达，如欧洲列强者，犹未能登斯民于极乐之乡也，是以欧洲志士，犹有社会革命之运动也。予欲为一劳永逸之计，乃采取民生主义，以与民族、民权问题，同时解决，此三民主义之主张所由完成也。"

三

救亡图存与推翻帝制

孙中山拯救和改造中国的思想逐渐明晰，但在实际中如何操作？两者间似乎还存在不小的差距。缺乏坚固的组织和稳定的力量作为后盾，这始终困扰着孙中山，因而他迫切地需要寻求和争取支持他的合作力量，有时甚至有点"饥不择食"的感觉。因为他背负的压力太大，在拯救中国的起步阶段，各种复杂问题交织，这段时间成了他革命中最为艰苦的岁月。理解他的人太少，而反清宣传又被视为"异端邪说"，时人多避而远之，更谈不上伸出援助之手了。

孙中山一生曾14次进出日本，累计达9年之久，与日本结下了不解之缘。孙中山对日本明治维新十分推崇和仰慕，他看到变革后的这个岛国面貌焕然一新，为之心动，有意以它为榜样，改造国家，致力富强，以立足于世界强国之林。

孙中山想要武装反清，但缺乏支持力量。中国资产阶级虽已出现，但"荷角初露"，尚未构成一个强势的社会群体，对孙中山的救国方案也不认同；会党是传统反清组织，但不具备近代民主意识，且缺乏内聚力和共同的政治目标。积弱积贫，一方面是清政府衰败所致，另一方面与西方列强侵略掠夺有极大关系。孙中山想要"内外兼修"，显然力不从心，于是他选择了"先清内再御外"之策。

孙中山到日本主要是寻求帮助，并无久居之意。他本计划重返香港，就近直接领导革命，但他在港居留的要求被港英当局拒绝，只得先以日本为筹划革命的基地。

是否允许孙中山在日逗留，日本国内相对峙的政治派别亦有不同看法，但他有幸得到了宫崎寅藏等人的支持。是时，日本一些政治势力正积极物色和寻觅他们在中国的代理人，为以后日本参与在华竞争做准备。给予中国革命家支持的背后，有着巨大的利益驱使。通过宫崎寅藏

■ 1899年孙中山与日本友人合影。中间站立者为宫崎寅藏

■ 孙中山与宫崎寅藏等日本友人合影（前排右起：安永东之助、宫川五郎；中排右起：柴田麟次郎、内田良平、孙中山、中野熊五郎；后排右起：清藤幸七郎、平冈小太郎、宫崎寅藏、井上雅二、原口闻一）

■ 犬养毅

等人的引见，孙中山拜访了日本政治舞台上的著名人物犬养毅，他主张亚洲各国联合，共同对抗欧美列强，故有意支持孙中山革命。这次晤面，为孙中山重新谋划中国革命提供了一个机会。

在犬养毅等人的努力下，孙中山被允许留居日本。顺利在东瀛立足后，孙中山开始了一系列联络活动，他急待要启动革命，需要来自日本方面强有力的帮助。

话分两头说。19世纪末20世纪初，康有为、梁启超因维新变法而名噪一时，他们与孙中山革命党人虽不同道，但两者的变革主张有不谋而合之处。虽谈不上惺惺相惜，但孙、康之间，还是有一定的交往空间。不过在当时，以正统自居的康派风头正劲，更强调自我；而孙派则步履维艰，处于下风，渴望通过内引外联以壮大声势。彼此之间，还不足以对等合作。

在当时的情势下，救亡图存是为首要任务，这是双方的共识；以一己之力难以成大器，这是合作的基础。无论是孙中山还是康有为，都把明治维新后日益强盛的日本作为效仿的榜样，积极寻求它的支持，甚至多有依赖。日本力倡孙、康两股力量联合，以便在中国问题上发挥更大作用。但随着形势的发展，双方思想的分歧日显，革命、民主共和，与保皇、君主立宪，无法汇聚和融入一条河流中。

百日维新失败后，康有为、梁启超相继亡命日本。落难的康有为失去了先前的自负和孤傲，这为双方合作又一次提供了机遇。孙中山所表

■ 康有为　　　　　　　　　　　　　　　　■ 梁启超

现出的主动姿态，加之日本方面的撮合，使彼此再度接触。可康有为依然眷念光绪皇帝，仍把"保皇"作为改良、救世的前提，双方宗旨已然不同。1899年3月22日，康有为得到日本方面的资助，被礼送出境，远赴加拿大。

康有为的离开给两派的合作带来了新的机遇。作为康派的领军人物，梁启超对于联合一事，态度要积极灵活许多。他在主办的《清议报》上言辞激烈地攻击清廷，这一点又与孙派同调。机缘巧合加上声气相通，一时你情我愿，走到了一起。经多次接触，双方实现合并组党，推孙中山为会长，梁启超副之。与维新派的合作，对孙中山及革命党人的事业发展，有一定的影响。

然而，对待双方的合作，孙中山抱诚守真，梁启超则另有所图。他借口要赴檀香山办理保皇会事宜，请孙中山致书介绍那里的兴中会同志，孙不辨真伪，欣然答应。孰料，这是一个骗局，梁启超趁机大挖兴中会墙脚，以组织保皇会之说迷惑其成员，混淆改良与革命的界限，巧妙地诱使孙的追随者投入他的门下。孙中山苦心经营的檀香山和横滨兴中会阵地，就这样先后为保皇会所攻陷。

囿于国内复杂的情势，孙中山一直都身处海外，其致力于改造中国的愿望，主要依靠华侨以及会党，他们是兴中会的主要力量。正当孙中山积极与会党结盟之际，国内义和团运动暴涨，政治形势骤然复杂。此前提及的何启，是一位有着民主主义思想并力主社会改革的人物，他利用自己香港议政局议员的社会地位和影响，这时正试图策划"两广独立"。何启向陈少白建议，兴中会应设法通过香港总督卜力，劝说两广总督李鸿章自治，与孙中山合作。

这一意图，通过某种渠道传递了出去。李鸿章自有他的考虑，寻求列强的支持以为靠山，是当时地方督抚的做法，故对刘坤一、张之洞与列强订立"东南互保章程"有同感。但"华南独立"与"东南互保"同为一理，只是"明哲保身"之举，绝无想脱离清廷而真正独立之意。即便考虑与孙中山合作，更多地也是为了争取英国的支持，以增加自身的权重砝码，影响朝廷和全国。如果说有异心之嫌，也只是为自己留条退路，以收左右逢源、进退有据和"狡兔三窟"之功。当然，作为朝廷重臣，李鸿章更愿意"居庙堂之高而忧其民"，而不会轻易与处江湖之远的"乱党分子"为伍。

而孙中山，经过两年的努力，取得了日本某些势力的支持，兴中会革命力量得以逐步发展，与广东、长江流域的会党牵线联合，革命运动已有了一定的基础。如果能有机会与李鸿章这位封疆大吏合作，是可遇而不可求的机缘。在错综复杂的各种势力之间寻求和争取最大限度的支持和同情，利用一切可以合作和团结的力量，是孙中山所希冀的，甚至

 ① 张之洞

② 刘坤一

③ 身着官服的李鸿章

①
―――
②

③

可以说是一个政治目标。"众人拾柴火焰高"，如果双方真的能够携手结盟，实现华南独立，会对兴中会从事革命运动极为有利，可以迅速在广东立足站稳，将成为革命成功的一个捷径。

1900年6月17日，孙中山一行乘船抵达香港海面，因港英当局禁止他上岸，只能泛舟海上，与在港同志商议起义计划，部署分头行动方案。广州方面派炮舰"安澜号"前来迎接，邀约孙中山、杨衢云去商谈合作事宜。孙中山为了谨慎起见，又表明不放弃努力，遂派三位日人代表前去谈判，但得到的答复是李鸿章目前不便有所表示。

7月8日，清廷任命李鸿章出任位高权重的直隶总督兼北洋大臣，在粤一直观望时局的李鸿章不再犹豫，决定择日北上赴任。消息被港督获悉，他通过多方面途径力劝李鸿章慎重行事，并言称清国当下时局，是两广脱离清廷独立的大好机会，并荐孙中山为顾问，李为主谋者，置于英国保护之下。李鸿章婉拒英方劝告，表示不能抗命，孙、李之间尚未合作便即行中止。7月20日，孙中山一行乘船赴日。

在联康、争李合作——落空，经历了短暂的失望后，孙中山的心绪终于沉淀下来。他不再对别人抱有太多的幻想，与其看人脸色行事，还不如凭借"一己之力"，开展革命活动。

孙中山决定发动惠州起义。赴日本前，他在香港海面"佐渡号"轮上召开会议，落实起义人员及安排。但起义的时间当时没有明确，他似乎有些举棋不定。

是时，列强控制北京后出现了新的变化。日本方面对清廷的支持态度出现波动，孙中山所倚重的日本力量发生了分化，打乱了孙中山原定计划。若是没有日本的有力支持，尤其是提供饷械和军事骨干，对势单力薄的孙中山来说，发动武装起义几无可能。

指望日本不得，孙中山的心绪很复杂，原以为"背靠大树好乘凉"，到头来却是"剃头挑子一头热"，他殚精竭虑的计划，还是付诸东流。国内的情势只是部分失控，大局依然平稳，如果单独举兵，难成气候，故只能观时应变。

不巧，唐才常的自立军在汉口举义事泄，上海对革命党人大肆搜捕。于8月29日冒险而秘密到达上海的孙中山不敢久留，随即于3日后乘船离沪返日。孙中山上海之行原本有三重目的：一是

■ 唐才常

与北上途中滞留上海的李鸿章继续接洽两广独立事宜，以做最后努力；一是应梁启超之约，准备取合适的机会赴汉口参加中原大举；一是寻求外援，与英方洽谈。但形势的变化，逼使他匆匆离去。他还想在日本人身上打主意，但日方态度令他失望。孙中山十分无奈，费尽周折，却没能落实任何一项有助于惠州起义的工作。

惠州方面情况却发生突变，义军等待不及，于10月6日提前举义。郑士良先发制人，于8日深夜命敢死队袭击了清军先头部队，清军不知虚实，一时溃败。随后，义军计划进攻新安，进逼广州。

形势的变化，令孙中山措手不及，遂通知起义部队：外援难期，望自决行止。义军被迫解散待机，起义仅存17天便落幕。11月，先前赴台联络的孙中山也遭到台湾总督府的驱逐，被迫乘船返回日本。

惠州之役，是兴中会策划的规模最大的起义，虽未达到预定目标，但产生了一定的政治影响，风气渐开，同情和关注革命者日增。

　　历史在顿挫中，迎来了20世纪的曙光。1900年的中国社会，危机日甚，但另一方面，许多有识之士开始警醒，促进了反帝爱国思潮的勃兴。大批中国留学生的涌现，为孙中山继续革命提供了重要力量。在不断交往中，广大留学生逐渐认同孙中山，自觉不自觉地尊崇他为革命领袖，并汇入到以他为旗帜的革命洪流中来。

　　1903年9月26日，孙中山离日赴檀香山。这里曾是兴中会的发祥地，后被梁启超的保皇会蚕食，此行就是要收复失地，重振兴中会的雄风。他对保皇派口诛笔伐，不仅使受蒙骗的兴中会成员纷纷回归，而且新加入者日增。北美是保皇会的发源地，保皇机关林立，而兴中会成立不过短短10年，发展并不顺利，"倘不与洪门人士合作，势难与之抗衡"。海外华侨十有八九皆洪门中人，倘若不入会，虽竭力宣传，终属

■ 1906年2月，孙中山在新加坡建立同盟会分会。图为孙中山与同盟会会员合影

外人，相从者甚少。此前，孙中山与会党曾有过合作，但流于表面。这一次，他在舅父杨文纳的力劝下，在檀香山申请加入洪门，被封为"洪棍"（"棍"即先锋）。

1904年3月31日，孙中山开始了美国大陆之旅，4月6日抵达旧金山。从这年5月至11月，孙中山不辞辛劳，遍历美国数十个城市，广泛接触华侨，宣传反清革命思想，批判保皇余毒，收效明显。

这期间，孙中山撰写了《中国问题的真解决》一文。针对西方各国对中国国情和革命缺乏了解的情况，阐述了中国革命的道路及对内对外主张。孙中山强调指出，革命是中国人民唯一和正确的选择。现在时机已经成熟，中国必须改革清朝君主政体，建立中华民国。

1905年是孙中山最为忙碌的一年，他先后去了英国伦敦、比利时布鲁塞尔、德国柏林、法国巴黎，会见留学生，讨论中国革命问题，并建立革命团体。6月，他从马赛离欧东返，7月下旬抵达东京。此行的目的，是成立领导全国的反清民主革命的大同盟。

孙中山到达东京后即开始准备工作，经由宫崎寅藏介绍，他首先与华兴会会长黄兴会晤。在取得共识后，他又与其重要成员宋教仁、陈天华晤谈。7月30日，孙中山邀约各省留学生和旅日华侨共70余人举行中国同盟会筹备会，商定会名、纲领、誓词、入会仪式和推定会章起草

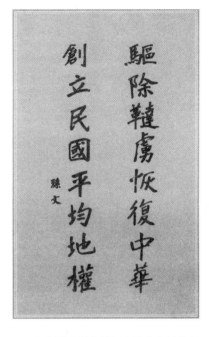

■ 中国同盟会誓词（孙中山墨迹）

■ 陈天华

■ 宋教仁

■ 黄兴

人。8月20日下午，中国同盟会借日本人阪本金弥的住宅举行了成立大会，到会者有百余人。首先由黄兴宣读拟定的30条章程，经讨论修改后获通过。会上，孙中山当选为中国同盟会总理。

同盟会的创设，乃革命进程中的大事，几个重要派别联合筹组，结为一体，形成合力，有助于革命事业的推进。更重要的是，它提出了一个比较完备的民族民主革命的纲领，纠正了以往国内若干小团体宗旨中局限于"排满""复汉"的狭隘思维，强调推翻清朝政府、建立资产阶级民主共和国。

通过革命党人的宣传，同盟会的纲领产生了广泛的影响，促进了民主革命事业的发展。

此外，同盟会的创设产生了一个众望所归的革命领袖，结束了"群龙无首"或者"人皆鸡头"的局面。

面对战败求和、赔款割地等一系列丧权辱国的事件，从1894年至1905年，中国社会及国人心理发生急剧变化，求存与求变的愿望与日俱增，康梁的维新运动和孙中山的革命运动便应运发展。前五年，维新运动风生水起，影响颇大，孙中山的革命主张则很难为人接受，处于困难时期。可风水轮流转，到了后五年，受"庚子事变"与《辛丑条约》的刺激，国人深悟依靠清廷改革乃天方夜谭，维持国体已成穷途末路，维新运动便渐失号召力，就此沉寂。人们在思考中突然发现，革命党人的主张是正确的。由此，孙中山的革命运动被看作是救国的有效途径，影响力逐增，追随者日众，处在一个不断的上升期。

同盟会成立后，孙中山在日本积极宣传革命，引起了清政府的恐慌。1907年2月底，日本政府应清廷之请，将孙中山驱逐出境。他只好转赴河内继续从事反清革命活动。1908年1月，孙中山又遭法国殖民地当局驱逐，于27日抵达新加坡。孙中山因宣传革命，成了一位"不受欢迎的人"。

孙中山的宣传活动主要有两大内容：一是唤起民众，二是筹款。由于起义屡遭失败，拿不出他许诺的胜利果实，华侨的捐资也减少了。虽四处"化缘"，但收效甚微，筹款陷入窘境。孙中山又远赴欧洲，整个夏季都在各地奔波，可仍旧是一无所获。他身上的盘缠告罄，最后还是留学生解囊相助，这才凑足了返抵美国的旅费。

回到美国后的孙中山，一方面继续在华侨中宣传建立革命组织，另一方面也相机进行艰难的筹款活动。1908年12月31日，同盟会纽约分会成立，此为在美的第一个分会组织。随后他前往芝加哥进行宣传，"嘤其鸣矣，求其友声"。但成立分会时参加者寥寥，只有区区12人，筹款

■ 1905年8月，华兴会、光复会等在东京组成中国同盟会。前排左二为光复会领导人蔡元培，左三为华兴会会长黄兴

■ 1905年华兴会部分会员在日本合影。前排左一黄兴、左三胡瑛、左四宋教仁、左五柳阳谷，后排左一章士钊、左四刘揆一

亦不顺利，"往往受到冷遇，甚至被拒之门外"。

此前，孙中山突然接到黄兴、胡汉民等发自香港的来电，称："广州新军已经运动成熟，有港币二万元即可发动，请速接济。"渴望成功的孙中山当然不愿错失良机，所以他在复电中承诺"两个月内即可电汇二万元，望即进行"。其实，他深知筹款不易，但难以抑制自己希望革命迅速成功的一腔热情。结果，奔波数月，募捐所得亦不过8000港币，离原计划相去甚远。眼见期限迫近，孙中山焦急万分，遂决定再赴华人集聚的旧金山一试，但最终也未能如愿。

从1909年底至1910年初这段时间内，孙中山为筹款绞尽脑汁，组织同盟会分会虽取得了不错的成绩，资助却未有大的进展。他不得不另打主意，利用一切关系和可能，以各种许诺寻求美国上层人士和财团的支持，但都失望而归。

"山重水复疑无路"，就在孙中山艰难而执着的筹款过程中，颇具戏剧性的"红龙"计划让他眼前突然一亮。这是包括社会达尔文主义者荷马里、退休银行家布思和实业家艾伦在内的几位美国人，试图通过本国企业家资助中国，来共同对付日本的计划。

原先，他们支持康、梁，已有了实质性的进展，先期拨款已到位。但后来发现，保皇会对收到款项的保管和使用不当，这令他们感觉不妥，在容闳的推动下，他们转而倾向支持孙中山。

1910年初，孙中山与艾伦会晤。一番交谈后艾伦却拒绝援助，理由很简单，"在革命党人得到更好的组织和训练之前，要资本家冒险把自己的钱投入这个计划，是对他们理智的一种污辱"。在艾伦看来，"孙中山的革命运动只能引发零星的起义，而且极易被清政府所镇压"。言下之意，他不会甘冒风险，轻易为革命党人"买单"。

```
①
——————
②   ③
```

■ ① 胡汉民
  ② 黄兴
  ③ 章太炎

■ 1909年6月，孙中山赴欧洲筹款，图为抵达法国巴黎时留影

■ 孙中山筹募革命军费，得华侨及同志之响应，此为所开具的收据

孙中山不气馁，随后又直接与荷马里、布思进行了三次会谈，最后一次达成了一项协议：孙中山作为"同盟会总理"，任命布思为该会"驻国外唯一的财务代表"，全权代表这一组织接洽贷款、收款和签订协议。屡遭失败的孙中山此刻十分心急，他希望加快举义步伐，缩短革命进程，故慷慨许诺。

孙中山回到檀香山后，致函荷马里希望速与布思确定并实施借款计划。此后又相继给布思、荷马里致函，一再要求筹款，以作广州计划之用。然而，至10月筹款目标也未见落实，孙中山的一系列努力，终未获得美国方面的分毫贷款。所谓的"红龙"计划，曾让孙中山看到一线希望，但最终还是落空，成了"镜花水月"。这样的结局，令他心中充满了酸楚。

依靠美国人不成，孙中山于1910年12月6日离开槟榔屿，再度赴美，他把重点放在旅居美洲的华侨身上。失之桑榆，收之东隅。这一次他得到了爱国华侨的大力支持，募得7万余元港币。在孙中山为革命艰难筹款的历程中，华侨捐输，每每小康慷解囊。追忆往昔，孙中山曾慨叹："华侨乃革命之母也！"

1911年3月19日，孙中山赴美国东部城市纽约、芝加哥继续筹款。4月28日得悉广州"三二九"起义失败，孙中山认为还是归结于"财力不足"，于是加紧在华侨中的工作。他从芝加哥到华盛顿，再到旧金山，随后又去了其他几个城市。10月11日，当他抵科罗拉多州丹佛时得悉武昌起义的消息，他立即终止劝捐演说，前往纽约，将筹款之事托付给了洪门负责。历时两年有余，孙中山为国内反清斗争艰辛筹款，但在与外国人打交道中却是一无所获，种种努力化为泡影。

同盟会成立后，革命党人陆续奔赴各省活动。过去，各组织都带有比较明显的地缘关系和门户之见，各自为战，松散而无序。如今则不同，如何开展革命斗争，"全国一盘棋"，需要从大局出发，统筹考虑。

此前，就武装起义的"起点"问题，孙中山曾与黄兴有异。黄主张从长江一带开始，孙则主张始于广东，主要是因为这里有海岸线之便，便于输入人员与枪械，加之两广地处边陲，山高皇帝远，又得革命风气之先，有一定的群众基础，易于发动义举。这个主张最终为黄兴等革命党人所接受。

各地同盟会相继建立后，需要有一个具体指导全国武装起义的方略。1906年冬，在孙中山主持下，黄兴与章太炎等参与起草了同盟会《革命方略》，主要阐述了两大问题：一是革命战争的伟大意义，建立革命军政府就是为了实现同盟会"十六字"革命纲领，必须通过民族战争才能解决当前中国的民族问题；一是建立中华国民军的方案，它规定了武装反清夺权、创建民国的总方针与政策，民国的国家制度、法律制度、财政制度与对外宣言，既是成功创建民国的战略指导思想，也是民国民主与法制建设的基本方针。

这年春，同盟会会员刘道一和留日学生蔡绍南按同盟会指示回到湖南。刘道一在长沙负责全盘筹划，并保持与东京总部的联系，蔡则首先

■ 刘道一

前往萍乡联络会党。经过积极奔走和多方努力，将萍浏醴一带的各派会党力量联合起来成立了六龙山洪江会，推举龚春台为大哥。

刘道一按照同盟会的部署，在长沙召集龚春台、蒋翊武等人开会，研究起义方案并积极准备。孰料，10月初，萍乡起义的风声被当局获悉，当局立即采取行动，缉拿捕杀会党头目。随后，浏阳、醴陵清军也分头追剿，形势不断恶化。12月2日，龚春台、蔡绍南等召集各路首领会商对策，意见不一。廖叔保不听号令，在麻石聚众起义。情急之下，龚春台向各处会友宣布起义，把高家台所藏军械分发各部。4日，萍浏醴起义正式爆发。

8日至12日，各地会党纷纷响应，起义军一时达3万多人，在湘赣边境迅速扩展，控制了江西萍乡、宜春、万载和湖南浏阳、醴陵五县，先头部队推进至湘潭境内。义军先声夺人，但后劲明显不足，清廷于13日电令张之洞、端方、岑春煊合力围攻，不出半月，萍浏醴起义便遭失败。

在日本的孙中山和同盟会总部从当地的报纸上获悉萍浏醴起义的消息，他们随即派出一批同盟会骨干赶回国内声援义军，期望扩大战果，但为时已晚。增援的同盟会成员亦多遭不幸，相继被抓获，或囚或杀。31日，刘道一在长沙殉难。十几年后，孙中山总结革命时，对这次武装

① ｜ ②
③

■ ① 岑春煊
② 端方
③ 张之洞

起义有过评价，"由此而后，则革命风潮之鼓荡全国者，更为从前所未有"。此役，大大激励了孙中山加快革命活动的步伐。

萍浏醴起义对清政府震动很大，下令在全国大肆搜捕革命党人。张之洞、袁世凯等上奏朝廷称"革命排满之说，以孙中山为罪魁"，"应责成驻日使臣随时查访逆情，向日政府按公法理论"。清政府遂向日交涉要求驱逐孙中山。孙中山原本计划南下组织发动起义，便于1907年3月4日赴越南，在河内设立领导粤、桂、滇地区武装起义的总机关，随后在河内、海防等地相继成立同盟会分会，在华侨中募集起义经费，首先准备在广东潮、惠、钦、廉四府同时举义，并将重点放在钦廉地区。他们各司其职，分头行动，孙中山坐镇河内机关亲自部署，黄兴则亲赴钦廉地区直接指挥，潮、惠地区的起义则由胡汉民和冯自由在香港策划指挥。

从这一年的5月至9月起，孙中山在"四府"连续发动了3次武装起义。由于缺乏武装起义的指挥经验和能力，原本制订的起义计划和部署都被打乱，结果各自为战，未能形成合力，被清廷各个击破，惨遭失败。

此时的孙中山，希冀通过一次举义而有所斩获的心情十分迫切，他是明知山有虎，偏向虎山行，其精神固然可嘉，但方式值得商榷。从1907年12月到1908年5月，他在西南边境地区又相继发动了广西镇南关起义、钦廉上思起义和云南河口起义，这是四府起义的延续。是役，他仍把起义的重点放在钦廉地区。然而，人员不整，枪械缺乏，义军只是短暂形成声势，一旦清军集结，便无招架之力，遂相继败北。

孙中山一直都采取"输入革命"的方略，为了便于实施，选择起义的地点主要是在"偏于一隅"的西南地区。实践证明，这样的组织方

■ 1907年12月，革命军占领镇南关，孙中山亲自指挥炮战示意图

式，一方面很难形成行之有效的攻势，另一方面影响不大。一连串失败的尝试，让孙中山元气大伤，一时无力再续，他"欲暂养回元气，方图再发"。

时间到了1910年，中国社会已是"山雨欲来风满楼"，清王朝气数已竭。这年秋，孙中山展望未来，认定"中国内地事情诚为风云日急，有岌岌不可终日之势"。

鉴于前几次起义接连失利的情况，孙中山调整了武装起义的战略：一是决定举"小义"为"大举"；二是策动军队，形成以新军为主，联络会党响应，以形成声势。然而，几次失败的经历，并未改变孙中山的战略，他仍是一味地认定资金是革命胜利的关键，要"大举"则更需财力充足。为了毕其功于一役，他继续担纲筹款之重任，而把起义筹

■ 倪映典

备之大事托付给黄兴和胡汉民。初夏，广州同盟会负责人赵声、朱执信、倪映典等召开会议，各自领受任务，从9月开始具体筹备广州新军起义。10月，在香港成立同盟会南方支部，作为指挥的总机关，由胡汉民任支部长。随后，革命党人在广州新军中广泛开始活动，见时机业已成熟，遂决定于1910年元宵节发动起义。

新军的动向引起广东当局的觉察，开始有所防范。赵声、倪映典发现情况不对，倪迅即于2月5日赶到香港研究对策。谁知突发意外，就在9日，新军同警察发生冲突事件，随后愈演愈烈。两广总督袁树勋立即采取措施，收缴了闹事的第二标士兵枪械。其余新军闻讯后群情激奋，纷纷携枪离营，一时事态混乱，打乱了同盟会的原定计划，倪映典立刻向南方支部提出起义改期。经紧急会商，决定提前举义，日期定在2月15日。计划起义发动后，由黄兴、倪映典分率新军、巡防营出江西、湖南，由赵声坐镇广东，胡汉民负责民政、财政。倪映典于2月11日夜赶到广州，发现当局已调兵遣将，严密戒备。他当机立断，决定马上发动，遂于12日晨在炮兵营宣布起义。

3000义军分3路向广州城进发，至牛王庙时遭到巡防营统领吴宗禹率领的3营兵力阻击。清军派人假借商谈反正，诱骗总司令倪映典入清军营中将其杀害。义军突然失去指挥，顿时乱作一团，战至深夜，难以支撑，只好退却。广州新军起义，还是延续了失败的命运。

■ 赵声

■ 朱执信

　　这时的孙中山亦如"背水一战"的斗士，已无退路可言，唯有继续一搏。他于3月14日和28日多次发电报、致函黄兴，提出再次在广东发动起义的计划。5月13日，黄兴致函提出了具体的起义部署。孙中山于6月10日抵达横滨再转东京，而黄兴已于7日由香港先期抵达这里。孙、黄这次晤面，开始了筹备第二次广州武装起义的日程。

　　会议决定，以新军作为起义的主干，选择500名同志为先锋，担任发难之责，领导军队和民军响应。计划夺取广州后，由黄兴统帅一军出湖南，趋湖北；赵声统帅一军出江西、趋南京；长江流域各省适时起兵响应，会师北伐。

　　会后，各自分头准备，孙中山又亲赴欧美募集军饷。经过同盟会和海外华侨的努力，共筹得钱款15万多元，随即通过关系四处购买军械。

为了配合广州起义，同盟会直接与各省联络，以便联成一气。1911年4月8日，各项起义准备工作基本就绪，黄兴主持召开会议，研究制定起义计划，赵声被任命为起义总司令。原定起义日期为4月13日，后因种种原因，决定起义推迟到26日发动。

广州起义已进入倒计时，万事俱备，只等一声令下。但黄兴看到发动起义的时间紧迫，于是再次将起义时间推迟一天至27日。可到了24日，广州城中形势骤然紧张，不知是否因起义计划泄漏，当局下令缴去新军枪械，新任提督秦炳直率清军陆续到达，在城内加强戒备，让义军颇感风声鹤唳。

这让蓄势待发的起义一下子变得两难，是如期还是改期？指挥机关

■ "三二九"起
义指挥部

■ 孙中山给黄花岗七十二烈士墓的题词

的意见不一。接下来的两天，局势进一步恶化，值此关键时刻，一部分人力主推迟起义，一部分人则主张迅速发动。权衡再三，黄兴于26日早晨做出了改期的决定，并电告香港。当天，城中各起义机关陆续中止活动，到达广州的先锋队员开始分批撤往香港。

黄兴承受着起义改期的巨大压力：这意味着精心准备的努力付诸东流，无疑会影响同盟会在海外的信誉，对今后的革命活动产生消极影响。如果孤注一掷，则又面临失败的险境。是时，还有一批志士抱着誓死一战的决心。黄兴不忍放弃，干脆一不做二不休，遂又决定起义如期举行。

27日（农历三月二十九日）下午5时30分，黄兴率领130多名敢死队员进攻督署。由于一再延宕举事，不仅引起混乱，也妨碍了协调，新军和会党均未能按计划行动，他们只能孤军奋战。政府军一度失措，但数天后便控制局势，先后有80多位义军英勇献身，这就是著名的广州"三二九"黄花岗起义。

■ 黄花岗七十二烈士墓

■ 黄花岗墓园

孙中山及同盟会在国内先后组织发动了10次武装起义，每每总是在短时间内形成声势，但很快就败下阵来。原因是多方面的，起义本身的不确定因素、组织指挥不力、武器装备匮乏，以及"乌合之众"的会党难堪大任等，但更主要的则是缺乏革命的氛围。大环境实属不堪，想要一举冲破藩篱，尚欠火候。一连串的失败，在其内部产生了不小的反响。在极端困难之期，孙中山坚守信念，继续战斗，起到了砥柱中流的作用。客观地说，这一系列起义难以给清王朝致命打击，但在唤醒民众、扩大全国革命影响方面，是居功至伟的。一人倒下，十人站起，前仆后继，薪尽火传，终成不可逆转之势。后来的辛亥革命，正是上述一系列举义的延续和结果。

四

筚路蓝缕与民国肇基

广州起义虽败，但意义重大，孙中山曾指出："事虽不成，而黄花岗七十二烈士轰轰烈烈之慨，已震动全球，而国内革命之时势，实以之造成矣。"此言凿凿，不及半年，武昌起义就爆发并首获成功。

广州起义和随后的四川保路运动，极大地鼓舞了湖北革命党人的斗志。他们决定利用这个天赐良机，在武汉发动起义。为了加强对武汉地区革命力量的领导，共进会和文学社两个革命团体在同盟会中部总会的斡旋下决定联合行动，于9月24日组成统一的起义领导机构，推举文学社领导人蒋翊武为湖北革命军总指挥，共进会领导人孙武为参谋长，两团体的重要骨干刘尧澂、彭楚藩等为军事筹备员。他们拟定了起义的详细计划，推定了武装起义后军政府的负责人，草拟文稿，派人到上海迎接同盟会领导人来鄂主持大计，同时和临近各省联系，策动响应。

10月10日，武昌首义，随后各省闻风响应，武装反清成燎原之势。不过，辛亥革命并非孙中山直接发动，黄兴、宋教仁等人则是事后才赶赴武昌筹谋。但辛亥革命中新军举义，与同盟会革命思潮的传播和影响

■ 蒋翊武

■ 孙武

及革命党人的渗透密不可分。

1911年10月11日中午，孙中山在美国丹佛市用餐时从报纸上获悉"武昌为革命军占领"。一时喜出望外，立即致电黄兴，并告知自己暂不回国，等有关外交问题解决后再返。他认为，外国列强的态度，对中国革命的命运，可能还有对其个人的影响力，是决定性的。

孙中山长途跋涉，经华盛顿到伦敦，又赴巴黎，期待获得各国的支持，却空手而归。最后，他决定不再为此浪费时间作无谓的滞留，遂决定"打道回府"。当孙中山抵达上海时，有人以为他带回了一笔巨款，而他言称所带唯"革命之精神耳"。此话当真，他身上确实"不名

■ 10月11日，湖北革命党人在武昌成立中华民国军政府（清末湖北咨议局旧址）

一文"。

多年来，孙中山一直在海外遥控指挥，这主要源于国内恶劣的政治环境，不容他有"立锥之地"。虽然孙中山促使世界各地华侨参与革命运动的努力未能达到预期效果，是"远水不解近渴"，但在中国本土缺乏可靠支持者的情况下，他也只能持之以恒地坚守这条道路不变。

武昌起义取得了连锁反应，到11月底，短短两月不到，全国就有14省宣布独立，清政府统治分崩离析，组建革命政权迫在眉睫。

一个棘手的问题摆在义军面前，举谁为首？换言之，该由谁来暂时领导和指挥大局。

是时，革命领导或病，如刘公；或伤，如孙武；或避，如蒋翊武；或牺牲，如刘复基。而孙中山、黄兴、宋教仁等同盟会领导则远在国外或港、沪，一时可谓"群龙无首"。

■ 武昌起义中的革命军

仓卒之下，革命党人来不及遴选新的领导者，亦无时间三思而后行，陆军暂编第二十一混成协协统黎元洪就这样成了不二人选，出任湖北省都督，被推到了历史前台。由于举义事发突然，竟拱手将革命成功后的"头把交椅"，让封建旧官僚黎元洪坐上，这颇具戏剧性。当然，这一选择，既不是顺理成章的自然安排，亦绝非匆忙之间的草率之举，是为多种因素所致，可谓"时势造英雄"。

■ 民国"产婆"赵凤昌

黎元洪虽非同志知己，然则这样一位军事人才，革命党人当然极力希望为己所用。这种带有极大偶然性的特殊情势，当是黎元洪出任都督的重要原因。

10月11日晚，宣布中国为"共和的中华民国"，废除清王朝年号。稍后，湖北军政府发出《布告全国电》，呼吁全国18省父老兄弟"永久建立共和政体"。

随着各省各地区军政府的相继建立，客观形势的发展迫切要求组建全国统一的共和临时政府。这期间，各派政治力量频繁活动，以武昌与上海二地为最。

11月7日，湖北都督黎元洪首先致电各省起义后独立的军政府，提出建立中央政权的问题，以"义军四应，大局略定，惟未建设政府"为由，向各地军政府发出征求意见。9日，又署衔通电各省，请派全权委员赴鄂筹商组建临时政府事宜，迅即得到响应。

11日，由江苏都督程德全、浙江都督汤寿潜联合致电沪督陈其美，提议在上海召开各省代表大会，商谈筹组中央政府，陈其美于13日通电各省派代表来沪，以筹备成立"各省都督府代表会议"。由于武昌所发电报在不同地区时间先后不一，各省又多遴选本已在沪的名流为代表，至15日，已有浙江、江苏、福建、山东、湖南、上海及镇江七地代表在沪集会，组成"各省都督府代表联合会"。

转瞬之间，就出现了武昌、上海两处同在筹备成立中央政权的情势，双方一时相持不下。

上海方面承认以鄂军都督执行中央军政府政务，但筹建临时政府的会议地点应在上海。并以各省都督府代表名义，致电黎元洪和黄兴，要求会议在沪举行。

武昌方面对开会地点表示异议，"既以湖北为中央军政府，则代表会亦自应在政府所在地。府、院地隔数千里，办事实多迟滞，非常时期，恐失机宜"。随即派居正等赶赴上海，力争各省代表会在湖北举行。黎元洪亦致书程、汤二人，坚请沪方出席，"以归一致"。之后，沪方做出让步，不再坚持，同意各省代表去武昌开会，但要求各省须留一人在沪，以"联络声气，为通讯机关"。

■ ① 黎元洪　　② 江苏都督程德全
　　③ 上海都督陈其美　④ 浙江都督汤寿潜

①	②
③	④

■ 谭人凤

当各省代表陆续赴汉之际，清军攻陷汉口、汉阳，武昌告急。黄兴、黎元洪有意"让城别走"，遭到本地区革命党人的强烈反对。30日，共有11省代表23人在汉口英租界举行第一次会议，湖南人谭人凤被公推为议长，决议在临时政府成立之前，由湖北军政府代行中央军政府职权。12月2日，议决先制定临时政府组织大纲，并于次日正式通过。又议决，如清内阁总理大臣袁世凯反正，当公举为临时大总统。

就在这要紧关头，江浙联军一举攻克南京，革命党人控制了富庶的长江三角洲，使得长江中下游"光复"各省连成一片，扭转了汉口、汉阳失守后的危局。这对清政府和袁世凯来说是一个沉重打击，对革命党人则是一个极大的鼓舞。

如果说武昌首义掀起了辛亥革命的高潮，那么南京"光复"则是辛亥革命的重要转折点，也是近代中国转折关头的重要标志。诚如徐血儿所言："取南京即所以保苏、杭，保苏、杭即所以定大局。则石头城下之一战，即不啻略定全国也。"

南京"光复"的意义，绝不亚于武昌起义，"是役也，牺牲少，成全大，后之孙中山在南京建立中华民国临时政府，清帝退位议和，都是由武昌起义独立开花于前，南京光复结实于后"。

南京"光复",使上海和武昌两地革命党人结束了中央临时政府驻地的争论。既然汉、沪双方在筹组政府问题上各执一词，双方代表遂于4日一致决议，移师南京，组织临时政府，并规定各省代表7日内到达，俟有10省以上代表到会，即选举临时大总统。

你方唱罢我登台，江浙地区的革命党人，对于移会湖北以及新政权迟迟不得成立深为不满，于是在南京"光复"3日后由陈其美、程德全、汤寿潜领衔，邀集各省留沪代表举行会议，决定临时政府设于南京，公推黄兴为大元帅，即以大

■ 南京光复传单

元帅组织临时政府。同时举黎元洪为副元帅兼任鄂军政府都督，仍驻武昌。

上海方面先入为主，令武汉方面好生不快，黎元洪于8日立即通电各省都督予以指责，要求取消声明。不过，汉阳失守和南京"光复"，为在筹建政权竞争中的上海方面，增加了有力的砝码。

12月12日，各省代表先后到达南京，2日后举行会议，选出浙江代表汤尔和为议长，广东代表王宠惠为副议长，并议定16日选举临时大总统。

正当各省酝酿筹组南京临时政府之时，章太炎公开发表"革命军

■ 辛亥革命江浙联军攻打南京场面

■ 江浙联军攻打南京

起，革命党消"之激烈言辞，反对"以革命党人召集革命党人"开会组织政府。他的这番话，对当时的革命情势，产生了极为不利的影响，使本已交错的局面又平添了几多不安因素。

一波未平一波又起，由湖北赶到的浙江代表陈毅转达黎元洪之意，要求暂缓选举总统。袁世凯所派议和代表唐绍仪已赴鄂，谓之"袁亦主张共和，但须由国民会议议决后，袁内阁据以告清廷，即可实行逊位"。言下之意，袁世凯已同意"反正"，只是时间问题，故大总统一席应"虚位以待"。

革命之目的意在推翻帝制，建立共和，如果清廷愿意自动退出历史舞台，实乃大快人心之事。代表会临时做出决定，暂缓选举临时大总统，承认上海所举大元帅、副元帅，由黄兴暂行临时政府之职。

见革命党人勃兴，而清廷已无喘息之气，老谋深算的袁世凯果断

■ 唐绍仪

■ 王宠惠

采取了骑墙之策，"以南压北，以北压南"，一时占得先机和主动，被推到了历史的风口浪尖，成为举足轻重的人物，甚至是临时大总统之人选。

是时，革命党人还不足以强大到迅即推翻清廷统治，抑或希望加快成功的步伐，当务之急，唯此为重。这就促使他们审时度势，亟需统治阶级内部有人能站出来。只要袁世凯赞成共和，迫使清帝退位，以达殊途同归之功，那就选他为大总统。

关键时刻，孙中山于12月25日归国，整个形势骤变。他的回归，使难产的大总统选举，一下子出现了转机。

此前，会议在沉闷的气氛中开了几天，尽管选举大总统已是刻不

■ 1911年12月25日孙中山到达上海时留影

容缓，但还是未就人选作出最后定论。黄兴以种种理由力辞不就，无奈，代表会只好改弦更张，由黎元洪任大元帅，黄兴副之。但黄兴还是不从，各省代表一时进退维谷。21日，黎元洪致电接受大元帅名义，并委黄兴代行大元帅职权，程德全还亲自赴沪劝驾。黄兴推托不过，正要动身，这时得知孙中山将回国，当即表示："孙中山将次归国，

■ 武昌起义后美国报刊上有关孙中山的漫画

可当此任。"经再三劝说，才勉强答应在孙中山归国之前暂任此职。

　　孙中山到达上海后，立即在寓所召集同盟会高层会议商讨筹组临时政府事宜。他主张采取总统制，不设总理；宋教仁则倡导内阁制，设总统。孙的主张，得到了黄兴的支持。随后，同盟会要员决定分别向各省代表示意，选举孙中山为临时大总统，并由马君武著文在《民主报》上披露。

　　次日上午，孙中山接见由南京各省代表会议派来的欢迎代表，相谈

甚欢。在谈到关于武汉代表曾许诺袁世凯如能反正，当举他为临时大总统时，孙中山非常大度地回答：那不要紧，只要袁真能拥护共和，我就让位给他。

28日上午10时，各省代表继续开会，议定：一、对于保留总统位子给袁世凯一议予以否定，"认为不必要"。二、关于"临时大总统"的"临时"二字，因全国还未平定，"正式宪法尚未制定，正式总统亦无产生，故仍须冠以'临时'字样"。三、关于中华民国纪元改用阳历问题，最初多数代表不同意，后马君武强调"中山先生于此事持之甚坚"，始获通过。当晚举行预备会，选举临时大总统候选人。

29日上午10时，17省共45名代表聚集江苏省咨议局，开始就选举临时大总统进行表决。汤尔和议长主持会议，规定每省一票，候选者为孙中山、黎元洪和黄兴三人。唱票结果，孙中山以16票当选。各省代表随后致电孙中山当选，请他来宁组织临时政府。

1912年1月1日11时，列车载着孙中山一行，也带着亿万民众的期待，向南京疾驶，下午5时许到达下关车站。随后，换乘市内小火车至清两江总督署车站，再登上一辆马车入内。

冬日的南京，寒风刺骨，夜幕降临，在阵阵细雨下，更显凄冷。然而，已在此等候多时的各省代表和将领们，则是极为亢奋，心里充满暖意。随着人群中爆发出一阵欢呼声，孙中山走下马车，他一手握帽，一面微笑着与大家握手寒暄。

欢迎仪式结束后，孙中山在黄兴、徐绍桢一左一右的陪同下，信步走进了两江总督署的大门，那一刻，也步入了一个全新的世界。

晚11时整，中华民国临时大总统就职典礼正式开始，各省代表、各军将领、各界人士及各国领事和外宾200多人参加。当司仪宣布"中

■ 袁世凯

■ 黎元洪

■ 孙中山抵达南京就任临时大总统

■ 中华民国临时大总统印

华民国临时大总统莅位典礼开始"后，军乐队奏起雄壮的军乐。山西代表景耀月向与会者报告了大总统的选举经过，然后高呼：请大总统宣誓就职。

在充满信任的目光下，孙中山朗读了大总统誓词。景耀月代表各省致颂词，议长汤尔和代表各省致欢迎词，同时向孙中山不到授大总统印，随后在《中华民国大总统孙文宣言书》上第一次用印。

孙中山致答词，表示"当竭尽心力，勉副国民公意"之时，全场爆发出一片欢呼和口号。孙中山异常激动，他举起双手向大家表示感谢，

■ 1911年12月29日，南京。中华民国临时大总选举会合影

那一刻是百感交集，"予三十年如一日之恢复中华，创立民国之志"，终于得以实现。

接着，胡汉民向大会代读《临时大总统宣言书》，表示："国民以为于内无统一之机关，于外无对待之主体，建设之事更不容缓，于是以组织临时政府之责相属。自推功让能之观念以言，文所不敢任也；自服务尽责之观念以言，则文所不敢辞也。是用黾勉从国民之后，能尽扫专制之流毒，确定共和以达革命之宗旨，完国民之志愿，端在今日。"会上还申令颁布：定国号为中华民国。改皇帝纪年为中华民国纪年。依阳历纪日月，当日为中华民国元年元旦。次日通告全国。至此，中华两千年的封建帝制被推翻，中国历史上第一个共和制的国家政权诞生，中国开启了一个新时代。

1月2日，由大总统主持召开各省代表会议，讨论通过了《中华民国临时政府中央行政各部及其权限》。根据这一文件规定，民国政府设置陆军、海军、外交、司法、财政、内务、教育、实业、交通等九个部，每部设总长、次长各一名。

接下来就是各部总长人选的安排，因涉及权力的分配，革命党人和立宪派均高度重视。黄兴与孙中山出于形势考虑，认为要团结争取立宪党人，尽快组阁，以避免人事纷扰，故在人员安排上可采取"部长取其名，次长取其实"的原则，以满足各方之需。经过反复商议，孙中山说服了本党同志，做出了很大"让步"。

最终的名单为：陆军总长黄兴，海军总长黄钟瑛，外交总长王宠惠，司法总长伍廷芳，财政总长陈锦涛，内务总长程德全，教育总长蔡元培，实业总长张謇，交通总长汤寿潜。

9名总长中，同盟会员有黄兴、王宠惠、蔡元培3人，而黄钟瑛等

■ 孙中山临时大总统像

■ 《中华民国临时约法》

人一直倾向革命。其他几名总长,不是旧官僚,就是立宪派人士,如内务总长、原江苏都督程德全,实业总长张謇,交通总长、原浙江都督汤寿潜,司法总长伍廷芳,他们既在清廷担任过要职,又和革命党人有联系。总之,"平分秋色"的结局,一时皆大欢喜。

在总长名单确定后,次长名单也由各省代表会议通过,并由孙大总统颁布任命。陆军次长蒋作宾、海军次长汤芗铭、外交次长魏宸组、内务次长居正、财政次长王鸿猷、司法次长吕志伊、交通次长于右任、教育次长景耀月、实业次长马君武和参谋次长钮永健。

革命党人虽然只占有三个部长席位,但由于张謇、程德全、汤寿潜等人一直观望而未到任,这样,大权自然就旁落于次长手中。在次长

■ 1912年孙中山先生与临时参议院议员、总统府同仁合影

人选中，除海军汤芗铭外，均为清一色的留日、留欧美知识分子，并且都是同盟会骨干，内阁会议、处理国务、出席国务会议，均由次长一手操办。而陆军总长兼参谋总长黄兴显为各部之首，位高权重。胡汉民任秘书长，处理日常政务，大权在握。故此，临时政府被称为"次长内阁"。

接着修改《临时政府组织大纲》，增设"副总统"一职，于1月3日选举通过黎元洪为副总统。至此，以孙中山为大总统的中国第一个以选举形式产生的民主共和国政府宣告成立。28日，随着各省参议员陆续到达，参议院成立，中华民国的政权体制和组织机构基本确立。

■ 蔡元培　　　　　　　　　　　■ 陈锦涛

■ ① 黄钟瑛
  ② 伍廷芳
  ③ 张謇

南京临时政府成立后，首先遇到的就是财政问题。财尽援绝，"囊中羞涩"。当时，国内有可能筹得现款的渠道如关税、盐税、厘金、田赋等，不是攥于列强之手，"惟敌之命"，就是无法征缴。

非常时期，孙中山不得不尽一切可能，以缓财政之紧迫状态。具体措施有二：一是发行公债及军用钞票，筹组中央银行；二是与日本有关方面谈判借款。前者不是效果不佳，就是未获具体实效。至于后者，日本人显然居心叵测，带有某种政治企图，最终在舆论的巨大压力下，签约后又遭废止。

情急之下，孙中山又酝酿了一个新的贷款方案，拟通过上海都督陈其美，说服轮船招商局，以其名义向日本借款1000万两，以该局全部财产作抵押，孙中山、黄兴与日本政界、财界进行了频繁的秘密联系。看到临时政府的窘迫，日本人觉得有机可乘，遂抛出由日本接管中国满蒙的无理要求。此事很快为英美所获悉，一番正言厉色，迫使日本放弃；加之国内舆论的强烈反对，借款谈判即行终止。用"病急乱投医"来形容孙中山为解决南京临时政府濒于绝境的财政困难，实不为过，"家徒四壁"的他，一时茫然无措。

武昌起义后，革命党人内部纷争只是一方面，更加交错和纷杂的，则是南北两方的权力之争。让我们把时间稍稍再往前推一些，话说武昌起义后，袁世凯被清廷重新起用挥戈南下。他看到了自身的价值，亦看清了当时的形势，一方面力保清廷，一方面又不轻易攻击革命党人，以一种"瞻前顾后""进退有余"的姿态，待价而沽，以图谋利益的最大化。

袁世凯获悉，只要逼迫清帝退位，南京就可以选他为临时大总统。由于革命党人推翻帝制心切，这已不是一种舆论，一种倾向，而是真实

■ 临时参议院旧址

的一种愿望，一种普遍的心态，因此南北议和，更多的便围绕着这一背景，甚至是中心展开。袁世凯委派唐绍仪为北方议和代表，各省代表会议则推举伍廷芳为南方代表，议和谈判从12月18日开始至31日，共进行了5次会议。那一刻，中国的政治走向，就系于他们之身。

袁世凯采取翻云覆雨的政治手腕，大大强化了革命党人期望他反正，并举为临时大总统的心理准备，加速了付诸实施的进程，眼见瓜熟蒂落，就要大功告成。孰料，孙中山突然从海外归来，捷足先登，于1912年元旦宣誓就任临时大总统，组织政府。瞬间的形势变化，打乱了袁世凯的部署，暂时击碎了他的好梦。

为了表明态度和发泄不满，袁世凯电责北方和议首席代表唐绍仪，

■ 汤化龙

■ 南北议和的双方代表唐绍仪（左一）与伍廷芳（右一）合影

又致电南方谈判首先代表，宣称今后和谈一切与他本人直接往返电商。同时加大对南方的武力恫吓，鼓噪北方军人发表通电，要以铁血解决政体问题。见袁世凯出尔反尔，推翻议和，南方也不示弱，一时动议北伐应变，一决雌雄。

袁世凯忙活了好一阵，结果"竹篮打水"空欢喜一场，他大为不满，准备撇开南方，单独在北京筹组临时政府。但思量再三，他还是决定要沉住气，不能轻举妄动。"过犹不及""欲速则不达"，他认为这些古训很有道理，继续保持议和通道的顺畅，将有助于他冠冕堂皇地获取权位。

1月14日，唐绍仪奉令致电南方和议首席代表伍廷芳，说明清廷正

■ 隆裕太后

在筹商有关退位事宜，询问孙中山举袁为总统之事"有何把握"。孙中山得知后立即表态："如清帝实行退位，宣布共和，则临时政府绝不食言。文即可正式宣布解职，以功以能，首推袁氏。"

　　袁世凯放心不下，又数次试探，再度得到孙中山、黄兴的保证。至此，他认为时机成熟，该是动手的时候了。但袁世凯受主子隆恩多年，他不想背负逼宫的骂名，于是来了个"温柔一刀"，设计了一个圈套，让隆裕太后自己往里钻，他再顺水推舟，这样就名正言顺！只是由于"皇族内阁"的反对，隆裕太后一时犹豫不决，退位之事暂告搁浅。

■ 2月13日孙中山提出辞呈，15日临时参议院选举袁世凯为临时大总统，并议决临时政府仍设在南京，但袁世凯以兵变为由，坚持迁都北京。3月10日袁世凯在北京宣誓就职临时大总统。此时，孙中山在南京仍未解任，形成了南北两个临时大总统的局面。图为孙中山带领他的官员前往召开会议

1月22日，袁世凯接到了南京临时政府最后提出的议和五条办法，其中第二条言称南方"接到清帝退位通知后，孙中山即行辞职"，"由参议院举袁为临时大总统"，"袁若不能实行"，则无议和可言，这等于是下了最后的通牒。

不能错失良机，否则就要鸡飞蛋打，袁世凯急欲要赶清帝退位。2月5日，以段祺瑞为首的北洋将领，在袁的授意下联名通电，满纸刀光剑影，杀气腾腾，充满了责备和威胁，要求清廷"宣示中外，立定共和政体"。清廷再也坐不住了，2月12日，隆裕太后以宣统皇帝的名义下诏宣布退位。

消息一经公布，反应颇巨，列强欢迎，立宪派窃喜，革命党内部则意见不一，领导人更是五味杂陈。孙中山、黄兴的心情尤为复杂，一方

■ 辞去临时大总统时的孙中山

■ 段祺瑞

面承认既成事实，寄袁予厚望；一方面又忧心忡忡，"方今帝政虽倒，民国未固，本党尚多遗憾，必期克竟全功"。

为了将袁世凯置于南方革命党人的控制之下，不任由其权力无限膨胀，孙中山可谓用心良苦，他在向参议院提交辞职的咨文中一再坚持"三条件"，即定都南京不能更改，新总统到南京就职，并要遵守《临时约法》，给袁世凯套上了地域和法律的紧箍咒。这"画地为牢"的双保险看似无懈可击，足以让袁世凯不得越雷池半步，老实为人，规范做事。

随后，临时政府派教育总长蔡元培为迎袁专使，率团于2月21日北上，于27日到达北京"专迎大驾"。

袁世凯从北方起家，一旦离开经营多年的老巢而南下，必将陷入革命党人重围，即便自己是一只猛虎，亦无异于"虎落平阳"，威风不

■ 1912年2月，北京叛变革命的军队

在。至于北方的军人集团，也不愿将中国的政治中心南移，他们不仅有生理上的，更有一种心理上的"水土不服"，没底气。

老谋深算的袁世凯深知这一点，故他当面表示愿意赴宁就职，私下里却动用军队，上演了一出诈计。

29日晚，北洋陆军第三镇纵火抢掠，城内多处遭劫，商民遇害数以千计。"哗变"的士兵竟然持枪闯入迎袁使团住所，"殴门而入"，"将行李文件等物掳掠一空"。蔡元培等人不明真相，以为发生兵变，仓皇避走。

次日，"袁总统尚未离北京，已经闹成这个样子，若真离去，恐酿大乱"之语，一时甚嚣尘上。言外之意，老袁不能走，只有他在，北洋军才不敢造次。而袁世凯本人则以"调度军队"，"应付外交"为口实，表示"赴任之举，暂难办到"。

这一招果然奏效，惊恐之余的蔡元培受此蒙蔽，迭电南京政府，说明大总统走不得，必须"改变临时政府地点"，"速建统一政府，为今日最要问题，余尽可迁就，以定大局"，要求参议院在袁南下问题上做出让步，又电告孙中山说明情势。

3月6日，经参议院议决：允袁世凯在北京受职、宣誓、拟定国务院组成人员名单，电达参议院批准，然后接管南京临时政府，孙中山卸职，临时政府迁都北京。在弹冠相庆中，袁世凯轻易实现了他据守北京的目的。

13日，孙中山即向南京临时政府参议院送上辞呈及举荐袁世凯的咨文，践行其诺言。15日，南京临时参议院举行大总统选举，袁世凯以全票当选。

此前的2月15日，在南京举行"民国统一大典"。孙中山亲自率领

■ 2月15日，孙中山率文武官员祭明孝陵

■ 4月1日，孙中山亲自去参议院宣布正式解除临时大总统一职。图为孙中山向临时参议院辞职时与议员合影

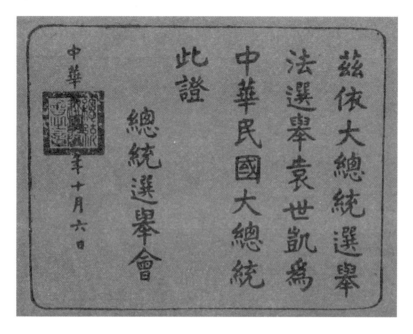

■ 选举袁世凯大总统之证书

■ 南京临时政府迎袁专使团

"国务卿士、文武将吏"拜谒明孝陵，告慰明太祖朱元璋，以完成多年奋斗的夙愿。这次拜谒活动，孙中山以个人名义发表了两个文告：一是《祭明太祖文》；一是《谒明太祖陵文》。前一篇是"祝告文"，后一篇是"宣读文"。《祭文》如下：

> 中华民国元年二月十五日辛酉，临时大总统孙文，谨昭告于大明太祖开天行道肇基立极大圣至神仁文义武俊德成功高皇帝之灵曰：呜呼！国家外患，振古有闻，赵宋末造，代于蒙古，神州陆沉，几及百年。我高皇帝应时崛起，廓清中土，日月重明，河山再造，光复大义，昭示来兹。不幸季世俶扰，国力疲敝，满清乘间，入据中夏。嗟我邦人，诸父兄弟，迭起迭踣，至于二百六十有八

■ 1912年袁世凯就任临时大总统时与外交使节合影

■4月3日，孙中山赴上海前，在南京与黄兴等人合影

年。呜呼！我高皇帝时怨时恫，亦二百六十有八年也。岁在辛亥八月，武汉军兴，建立民国。义声所播，天下响应，越八十有七日，即光复十有七省，国民公议，立临时政府于南京。文以薄德，被推为临时大总统。瞻顾西北，未尽昭苏，负疚在躬，尚无以对我高皇帝在天之灵。迩者以全国军人之同心，士大夫之正义，卒使清室幡然悔悟，于本月十二日宣告退位。从此中华民国完全统一，邦人诸友享自由之幸福，永永无已，实维我高皇帝光复大义，有以牗启后人，成兹鸿业。文与全国同胞至于今日，始敢告无罪于我高皇帝，敬于文奉身引退之前，代表国民，贡其欢欣鼓舞之公意，惟我高皇帝实鉴临之。敬告。

在这权力鼎革之际，孙中山等人一手组建的同盟会将何去何从？同盟会自成立以来，几乎从未统一行动过，多是分会自主，人自为战。显然，这样的局面不利于当前的形势，亟待开会，以确定今后之大政。就在孙中山赴宁就任临时大总统前的12月30日，中国同盟会在上海召开会员临时大会，各省在沪同盟会会员均参加，会议的中心内容有：第一，重申三民主义纲领。第二，整顿组织，扩大革命队伍。提出改造同盟会，加强内部的团结与联合问题。第三，驳斥两种对同盟会革命事业影响较大的谬论，一为章太炎鼓吹的"革命军起，革命党消"；一为革命党将以"天下为己有"之言。第四，统一认识，确立北伐决战的信心。会议最后将讨论的内容集中写成宣言，并声明服膺同盟会总理孙中山的领导，随后在《民立报》上发表。

很显然，同盟会只是一个革命党人的政治组织，还算不上是一个资产阶级政党，更谈不上成熟完善。一纸宣言的约束力是有限的，而现

■ 1912年8月24日，孙中山应袁世凯之邀到北京会见，并向袁表示，退出政界，实现"在中国建廿万里铁路"的理想。图为8月24日，孙中山在由天津赴北京的列车上

实中同盟会的散漫和无序已相当严重，其成员鱼龙混杂，很难凝聚成一体。短时间内同盟会就锐气大减，孙中山作为领袖，怎能不痛心疾首？

当革命党人用鲜血换取的政权很快易手，成为袁世凯囊中之物时，同盟会的领袖们必须重新审视他们赖以进行了多次斗争的这一组织，关心它未来的发展和命运，而将其改组为政党，已是刻不容缓。

1912年3月3日，中国同盟会改组大会在南京召开。选举孙中山为总理，黄兴、黎元洪为协理。大会宣布改组后的中国同盟会宗旨，通过总章及政纲九条。随即通电，宣告"民国之一大政党组织完成"，并号召"各支部亦宜实力推广，以张党势"。

在以"扩张党势"，使之成为"民国之一大政党"的号召下，各支部大力发展成员，致使社会各色人等蜂拥而入，一时泥沙俱下，贤愚不肖。这种良莠不齐的大杂烩，极大地影响了同盟会在政坛的话语权。

纵观近20年的革命历程，革命党人发动起义，孙中山当选临时大总统，清帝被迫逊位，孙中山承诺让位，袁世凯继任，这就是革命党人奋斗的起伏轨迹。

人们为孙中山轻易让位而扼腕，对革命党人拱手让权不胜嘘唏。革命的果实，被人掠有；胜利的喜悦，转眼化为泡影。但实事求是地分析，这是不得已而为之，是一种无奈的选择。孙中山要让，袁世凯要上，当孙中山就任临时大总统时，"虚位待袁"，几成定局。是时，临

■ 3月29日，孙中山出席临时政府各部总次长、卫戍总督、各军师旅司令官举行的饯别会。图为宴会后留影

时政府虽立，但封建帝制尚存；革命党人羽翼未丰，而北洋军队人多势众；南方新军无法控制乱世，北方势力则足以左右政局。如果不适时采取议和，一场血战或许将不可避免，袁世凯的军事力量最终可能制造大麻烦。力量的悬殊，已不容革命党人有"非分之想"。不唯如此，他们还担心列强的干涉，义和团运动的后果，令革命党人后怕，如果南北双方激战，内乱势必持续不休，一旦外敌乘虚大举入侵，那中国真的就将万劫不复。鉴此，举袁，只图推翻清朝，实行共和，兵不血刃，也算是"南北共赢"，国家平稳过渡。

一直以来，袁世凯篡权之说影响甚大，其实，大总统之位，孙中山是有言在先，"主动让贤"。这一方面表明孙中山言而有信，另一方面，袁世凯得权虽非豪夺，但是"巧取"。南北议和，"讨价还价"的

■ 孙中山在张家口视察铁路

■ 袁世凯

基本前提离不开举袁，无奈，革命党人只能退而求其次，"请君入瓮"。

有人把孙中山"主动让贤"，比作是"华盛顿第二"，体现出一种崇高的品质，是一份值得珍视的政治遗产。然而事实未必，因为让与不让，已由不得孙中山。当然也有例外，就是过了期限而清廷未退，这样孙中山将继续当政，但历史无法假设。即便如此，袁世凯也一定会不惜代价，以武力争权。对孙中山来说与其被动，不若主动，偌大一份人情，足以暂时化解冲突，也让袁世凯必须做出一番承诺，不能轻易出格，有碍民心。或许，这才是"主动让贤"的真实意义所在。

总而观之，革命党人在认识上还是较为幼稚，他们要推翻的只是那个清朝政府，于是乎只要表示赞成共和的汉人都是一家亲。袁世凯乃"治世之能臣"，依其能力，总统一职非他莫属，对于这一点，包括孙中山、黄兴在内的革命党人都"心知肚明"。在他们看来，旧官僚、政客富有从政经验，而其自身能力薄弱，资望不够，故一时避让。不过，来日方长，假以时日，还可以重拾河山。话虽这么说，但问题在于，革命党人并不能保证自己在未来的新政权中有"一席相待"，亦无能力教育和改造那些旧式人物，因而使得他们逐步获取革命果实。

"革命尚未成功，同志仍需努力"，这就是当时不争的历史现实。遗憾之余，我们应该看到的是辛亥革命的重大意义，它比历代王朝更替所引起的混乱都要小。尽管这场革命未建立一个新的稳固政府，但破除了世界上持续最久的传统封建制度，给现代中国革命留下了一份珍贵的政治遗产。不能认为共和国的领导权移入他人之手，就轻视孙中山做出个人牺牲的价值。他看似是一个"失败者"，其实他已将革命引领到一个新的阶段，对于浴火重生的民族，有着极大的贡献，建树了不朽的功业。

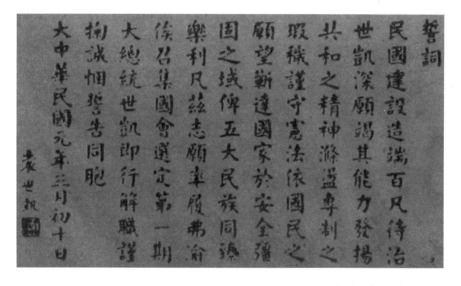

■ 袁世凯大总统就职誓词

■ 袁世凯在北京就任临时大总统的宣誓仪式上

五

南下广州与三度开府

1912年4月1日，孙中山解除临时大总统职务，于3日赴上海。此后十余年，孙中山只有一次途经南京时作稍事停留，也许是这伤心之地令他不忍重返。

孙中山回国时，可能已经预料自己会出任总统一职，但绝难想到只有3个月之短。对于辞去大总统，孙中山内心做何感想？不得而知。但肯定是非常复杂，绝非如他口头上所言的那样痛快和爽气，甚至可能还有些"耿耿于怀"。

由于袁世凯和唐绍仪等一再邀约他赴京商谈国事，孙中山遂电允北上，于8月24日抵达北京。他此行还有一个目的，就是参加国民党的成立大会。临时政府迁都北京后，同盟会总部于4月25日亦从南京迁往北京，由宋教仁主持日常事务。在参议院中，同盟会占有多数席位，这对袁世凯十分不利，他急欲削弱其力量。他支持立宪派人士张謇、汤化龙等联合统一党、民社党、国民公会、国民协进会等小党于5月合组，成立共和党，与同盟会分权。

6月中旬，袁世凯解除唐绍仪国务总理一职，提议由陆征祥代理，遭到议会反对。他置法理于不顾，出动军警强行干预参议院。面对

■ 陆征祥

袁世凯的擅权，宋教仁认为有必要组织一个强大的政党，与之分庭抗礼，形成两党对峙。继而，得民意者组阁执政，以此分出朝野，将宪政引向良性和有序的竞争轨道。

■ 宋教仁

民初，政党林立，有激进，有保守，各有目标与主张。统一共和党是参议院中仅次于同盟会、共和党的第三大党，由共和统一会、政治谈话会等政团联合而成，以谷钟秀等为首领，提出谋求中央统一，注重民生等政纲。他们也不满陆征祥组阁，有意与同盟会合并，扩大力量。双方一拍即合。

此时，前身为中国共和研究会的国民公党，一直以致力于健全政党，制造正确舆论，巩固民国基础为宗旨，也有心参加合并。

1912年初成立于上海的国民共进会，以伍廷芳为会长，主张健全共和政体。至于共进会，其全称为"国民共和促进会"，以联络各省志士促进共和为旨要。他们在得知上述三党将合并后，亦愿意携手共进。五党于8月13日达成一致协议，决定联合组党。

国民党成立大会于8月25日在北京湖广会馆开幕。孙中山发表演说："今五党合并，兄弟切望诸君同心合志，破除党界，勿争意见，勿较前功，服从党纲，修明党德，合五党之力量气魄，以促民国之进行。"会上，孙中山以多数票当选理事长。由于他一心要致力于铁路建设，故声言"暂搁政事"，会后由其推荐宋教仁代理理事长。

国民党的成立，被看作是走向政党政治的第一步，但坦率地说，联合组党，只是一个政治谋略，而并非真正意义上的党务革新。从积极的方面来说，众擎易举，在选举中有利于增大获胜概率；而负面的效应是，吸收大量旧政客与官僚加入，原有的革命素质渐被消弭，彼此间并非同心，甚至心怀异志，彼此间只是暂时搁置分歧，这种平衡很快就会因权益的分配不均而被打破。在积极成果的背后，牵扯着错综复杂的利害关系。这样的联合，并无专一的政治目标，且有利益均沾之嫌，不免令人生疑。

不唯如此，革命党人醉心于议会政治，把自己的主要精力用在合法政治活动上，以为只要控制了议会中的多数，就可以正本清源，诸事操之于手，进而与袁世凯分权，甚至以法律倒袁。

殊不知，这是一厢情愿，显现出政治上的理想主义，国民党人在军事抗争中未能获胜，则期望在议会斗争中有所斩获。问题在于，他们未能通盘考虑昨天、今天和明天，做出恰当的决策。一个基本的态势就是不愿面对现实，冀图把在战场上无法得到的东西，迅即用选票和其他方法夺回，以达立竿见影之效，挽回革命党人的一点颜面。

这就使得双方从一开始就针锋相对，剑拔弩张，几无调解与缓和的余地。操之过急，必将适得其反，你逼得越紧，反作用力就越大。袁世凯原本还不敢轻举妄动，现在反倒不再顾忌，将相持转为攻势，运用手中权力以及北洋军事上的强势，大张挞伐。事实证明，老谋深算的袁世凯不再给革命党人任何机会，君不见，专制大行其道，共和徒有虚表，民主就像一束漂亮的干花，好看却无生命力，成为北洋政府的点缀。

解职后的孙中山，似乎依然淡定从容，他把全部精力都投入到实业建设中，期待致力于"社会革命"，为实现民生主义的理想而奋斗。可惜，时局不容他有"贰心"。仅仅一年时间，他就大彻大悟，民主共和政体有名无实，诸事难成，必须重启革命。

1912年3月，袁世凯在北京就任临时大总统，革命党人败下阵来。但是，斗争并未结束，辛亥革命所带来的民主潮流的惯性，已势不可挡。

在与袁世凯的争斗中，宋教仁挺身而出。这位湖南桃源人氏，早年投身革命，后东渡日本专攻政法。他饱读西方资产阶级政治学说，倾慕欧美近代政治，特别是英国式的议会政治和政党内阁，并以实现这样的政治为己任。民国肇始，他就提出南京临时政府应实行责任内阁制。

■ 1913年3月6日，国民党横滨支部欢迎孙中山纪念合影

由于袁世凯根基尚未牢固，尚不敢公开撕毁《临时约法》，便做出一副效忠民主共和国的姿态；由于资产阶级革命派无论在政治上或军事上都还有可以一搏的力量，这就为在中国实现政党政治，洞开了希望之门。

为实现由政党组织实权内阁、"使总统处于无责任之地位"这一目的，革命党人必须在即将来临的第一次正式国会选举中得到半数以上的议席，作为组阁的前期准备。宋教仁首先把注意力放在改组同盟会、建立政党上。8月25日的北京，由同盟会改组的国民党，以全新的面孔正式登台亮相，并发布了一系列文件。

实行责任内阁制，这对袁世凯实行专制独裁统治的威胁最大。国民党利用合法阵地与袁世凯作针锋相对的斗争，引起了反对势力的极端仇视；宋教仁的锋芒毕露，更让袁世凯胆寒心怯。他曾私下说，"孙（中山）黄（兴）易与，宋公贞其劲敌"。

是时，全国各省正式的参众两院议员已选出，纷纷北上。此前，五党合并后的国民党，在国会选举中大获全胜，宋教仁以国民党代理党魁身份，成为国会中多数党领袖。形势一片大好，如果按照规则，宋教仁将组阁，主理国家大政，实现责任内阁的梦想，已近在咫尺。

然而，宋教仁所面对的敌手，是在官场上混迹多年且城府甚深的袁世凯。他对待政敌有两件法宝：一是收买，一为暗杀。当宋教仁周游全国、四处讲演抨击时政时，袁欲以金钱贿买。其后，袁又透过第三者向宋表示，只要他不坚持责任内阁制，便提名他为内阁总理，宋教仁不为所动。这让袁世凯无计可施，一筹莫展，他的手下心领神会，遂使出一剑封喉的撒手锏。

第一届国会将于1913年4月8日在北京召开，宋教仁于3月20日乘夜车自上海动身赴北京。晚10时40分，当宋教仁一行走至车站入口的检票处时，突遭凶手袭击，他身中数枪。

事发之后，黄兴等人迅速将宋教仁送至医院，因伤势很重，院方施行紧急手术。宋教仁几度昏厥，不过神智尚清，他反复说："我为了调和南北，费尽苦心，可是造谣者和一般人民不知原委，每多误解，我真死不瞑目。"他托黄兴代拟一电给袁世凯，诚恳地希望大总统"开诚心，布公道，竭力保障民权，俾国会得确定不拔之宪法"。22日清晨，高才英年、如日中天的宋教仁辞世，年仅33岁。

宋教仁的高尚，就在于他临终前，还没有抛弃要感化袁世凯的伟大幻想，他希望袁能为他的临死赠言所感动，能够化伪为诚，化私为公，

■ 1913年3月20日，宋教仁由上海乘车北上时遇刺身亡。图为宋氏死后遗像

化蹂躏民权为保障民权，化鄙视法律为尊重法律。如果真能这样，以身许国，他又何所惜？

宋教仁突然遇刺，使刚满15个月还在蹒跚学步的中华民国，遭遇到了一场腥风血雨。

此时的孙中山，正在日本长崎考察铁路政策，听到宋教仁被刺身死，极为悲悼，随即致电北京国民党本部和上海国民党交通部，令党人合力查出宋氏被刺的真实原委，以谋昭雪。

北京方面听到宋氏被刺，也极感震动，尤以国民党总部丧失了实际的领导人，既哀悼又激愤，纷纷去电上海询问真相。黄兴乃于22日致电北京《民主报》主持人仇蕴存，说明宋氏被刺遇难经过，请刊诸报端，宣示中外。

袁世凯在北京故作毫不知情状，得知宋被刺后表示非常意外，即发一电，除表示哀悼外，还电饬各级限期缉获凶犯，以告慰先灵。

宋教仁遇刺殒命，一时全国震动。国民党人认定，此案与袁世凯不无干系。25日，孙中山中断在日本的访问回到国内，随即与黄兴、陈其美等人商讨对策。采取何种方式申讨公道，伸张正义，孙中山态度坚决："今事已至此，余当以坚强之决心，作去袁之先驱。"

武力征讨，是万不得已之举，孙中山认为："无论如何，我方继续在议会上力争，等待由袁发动之方针，但到底除诉之干戈外，别无有效之策。"但他深知，大权在握的袁世凯不会轻易就范，还是希冀通过合法渠道去解决。孙中山决定"先礼后兵"，表示拟在"议会弹劾无效之后，先以副总统黎元洪处理大总统事务。余亦当以电报等劝袁退让，若袁不肯，余决心亲率北伐军讨袁"。

孙中山有些犹豫不决，而袁世凯则一意孤行，他决心以武力打击革命党人。

4月27日，袁世凯特派国务总理赵秉钧、外交总长陆征祥、财政总长周学熙为全权代表，未经国会讨论通过，擅自与英、法、德、俄、日五国银行团作最后谈判并签署了《中国政府善后借款合同》，共借款2500万英镑，以供军费开支。

消息一出，举国哗然。4月下旬，孙中山发表《致各国政府和人民电》，予以强烈申讨。然而，言辞激烈的表态虽"掷地有声"，但起不到制约、打击袁世凯的实效。袁世凯我行我素，继续武力镇压革命派。5月6日，颁布"除暴安良"令，又相继免去江西李烈钧、广东胡汉民和安徽柏文蔚三人都督之职。与此同时，拟定军事计划，分三路大军向江西、安庆及南京进发。

■ 1913年3月，孙中山与黄兴等人在上海横滨正金银行商讨集资讨袁时合影

■ ① 广东都督胡汉民
　② 在皖参与"二次革命"的安徽都督柏文蔚
　③ 江西都督李烈钧

7月12日，李烈钧首先在江西湖口宣布独立反袁，"二次革命"爆发。随后，上海和南京方面积极响应。22日，孙中山通过上海《民立报》发表《告全体国民促令袁氏辞职宣言》，同时还通电北京参众两院、国务院、各省都督、民政长、各军师旅长等，"望以民命为重，以国危为急，同向袁氏说以早日辞职，以息战祸"。

南方革命党人群起攻之，虽声势浩大，但实力不济，难与北

■ 在江西湖口举兵讨袁的李烈钧

洋军抗衡。自7月12日湖口之役始，至7月底重庆失陷，只有短短的七个星期，各地讨袁军便铩羽而返，"二次革命"是来得猛、走得急，很快就被瓦解了。袁世凯在革命党人的血泊之中，完成了倒行逆施的专制统一。9月15日，他下令通缉革命党要人。

"二次革命"，国民党人惨遭失败，党人星散，孙中山等人被迫流亡日本。在总结经验教训时，孙中山深感组织不力，指出其败因"非袁氏兵力之强，实同党人心之涣散"，以致对"号令不能统一，事党魁未能服从"。他表示，国民党已是一盘散沙，乌合之众，难有作为。

目击心伤，忧愤交集，孙中山不忍二十余年艰难缔造的革命主义未达。他在反思后得出的结论就是，党员必须服从领袖的命令，才能团结一致，取得革命的胜利。是年秋，他决心要缔造一个组织坚强的"中华

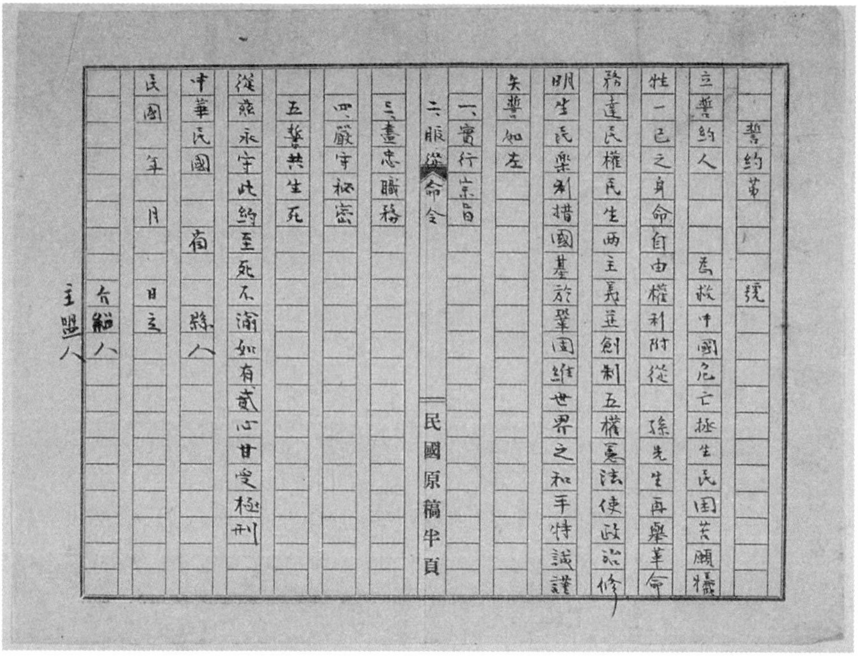

中华革命党入党誓约书

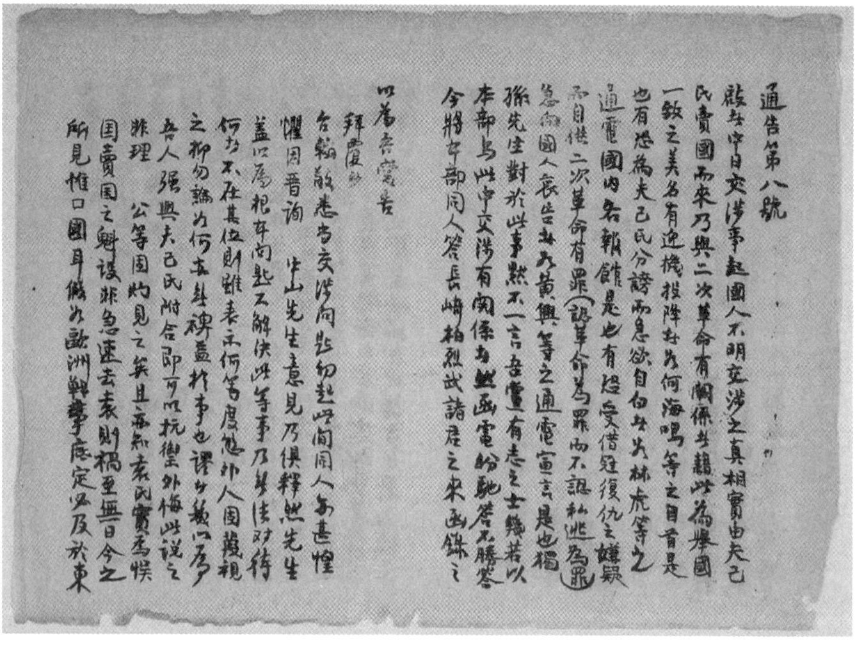

表格内容（竖排，从右至左）：

誓约书	残

一、誓约人　为拯中国危亡拯生民国芸顾牺
牲一己之身命自由權利附從
孫先生再舉革命
務達民權民生兩主義並創制五權憲
法使政治修
明生民樂列措國基於鞏固維世界之和平特誠謹
矢誓如左

一、實行宗旨

二、服從命令

三、盡忠職務

四、嚴守秘密

五、誓共生死

從茲永守此約至死不渝如有貳心甘受極刑

中華民國　　宿　　縣人

民國　年　月　　日立

主盟人
介紹人

民國原稿半頁

中华革命党重要文书

通告第八號

殼生守自交涉事起國人不明交涉之真相實由夫己
氏賣國而來乃與二次革命有關係並籍此為舉國
一致之美名有近機投降於何海鳴等之目首是
也有怨為夫己氏分謗而急欲自白此失林虎等之
通電國內各報館是也有經受借詐復仇生嫌觀
而目借二次革命為罪而不諱私逃為乱
急籲國人衰告並黃興等之通電實言是也稿
孫先生對於此事熟不一言吾置有志之士繕若以
本部与此中交涉有關係为紙函電紛馳答石騰參
今將本部同人發長崎楊烈武諸居之來函錄之

四為來覽者

拜覽紗

各翰敬悉交涉問些切起吗問國人多毒憚
懼因晋詢　牛山先生意見乃俱釋熙先生
蓋以屬犯年間匹工解決吥等事乃非借对待
何妨不在其位則難表示何答處邦人國蔑視
之柳勺難为何在县碑盡扵事也谋尐黃四房
吾人强與夫己氏附合即可抗望外悔吥说之
非理公等國內見之矣且亦知表凶實為禍
国賣國之辩設非急速去表則禍更無日今之
所見惟口國月餒必歐洲戰爭慝定必及於東

■ 1914年7月8日，中华革命党成立大会在东京举行，图为孙中山加入中华革命党时亲笔书写的誓约

革命党"，以期重振革命精神，再举革命大业。他认为，此次重组革命党，"首以服从命令为唯一之要件。凡入党各员，必自问甘愿服从文一人，毫无疑虑而后可。若口是心非，神离貌合之辈，则宁从割爱，断不勉强，务以多得一党员，即多得一员之用，无取浮滥，以免良莠不齐，此吾等今次立党所以与前此不同者"。并指出："本党系秘密结社，非政党性质。"要求各处创立支部，当秘密从事，毋庸大张旗鼓，介绍党员尤宜审慎。很显然，中华革命党更接近于帮会组织，具有宗法家长制的特点，它以效忠个人以达坚定革命之信念，表现出一种个人威权，具有极强的排他性。戴季陶、柏文蔚、张静江、蒋介石等人相继加入，而黄兴、李烈钧、谭人凤等人则因对此举有异议而拒绝参加。7月8日，中华革命党在日本东京举行成立大会，到会代表300多人，孙中山当众宣誓入盟，正式就任中华革命党总理。

■ 1914年7月8日，孙中山于中华革命党在东京成立时与同志的合影

　　袁世凯镇压了"二次革命"后，更加肆无忌惮，首先解散国会，继而炮制"袁氏约法"，随后又修正《大总统选举法》，一步步接近他的目标。他最终如愿以偿，被"推举"为大总统，于10月10日在清宫太和殿举行了盛大的就职典礼。

　　面对袁世凯咄咄逼人之势，孙中山于1914年5月发表《讨袁檄文》："今袁背弃前盟，暴行帝制，解散自治会，而闾阎无安民矣；解散国会，而国家无正论矣；滥用公款，谋杀人才，而陷国家于危险之地位矣；假民党狱，而良懦多为无辜矣。有此四者，国无不亡！国亡则民奴，独袁二三附从之奸，尚可执挺衔璧以保富贵耳。呜呼！吾民何不幸，而委此国家生命于袁氏哉！自袁为总统，野有饿莩，而都下之笙歌不彻；国多忧患，而效祀之典礼未忘。万户涕泪，一人冠冕，其心尚有'共和'二字存耶？既忘共和，即称民贼。吾侪昔以大仁大义铸此巨错，又焉敢不犯难，誓死戮此民贼，以拯吾民。"

自9月下旬至12月中旬，孙中山多次召集中华革命党领导人开会，商讨建立中华革命军等问题，并制订出《革命方略》，进一步明确中华革命党的宗旨，在斗争方略上"以军事为先决"。之后，中华革命党人在国内发动了一系列反袁军事行动。

1915年1月，日本向北洋政府提交了"二十一条"文件，袁世凯冒天下之大不韪，为博得日方的支持，公然与其谈判。事后，袁世凯竟厚颜相称："日本既有让步，无损主权，故决定由外交部答复，此案已结，中外敦睦。"为了掩饰不法之举，当局还动员各省拍发贺电，颂扬"元首外交成功"；又令御用报刊颠倒是非，把对日屈服说成是"双方交让，东亚幸福"，甚至开会庆祝"外交胜利"。

"二十一条"是日本强加于中国的单方面条约，将陷国人于万劫不

■ 1915年5月25日，"二十一条"签字时中日代表合影。左起（中方）：外交次长曹汝霖，外交总长陆征祥，秘书施履本；（日方）参赞小幡西吉、驻华公使日置益、书记官参赞高尾

討袁宣言 一九一五

壬子之二月，國民憫攜兵之慘，許清室舊臣自新，錫滅志以臨時總統付袁世凱。四海之內，奠不走相告曰，息兵安民，以事建設，是大仁大義舉也。吾民既錫誠以望袁，今袁所報民者何如哉。辛亥之役，流血萬里，人盡好生，何爲而然。苟知袁之暴戾，更甚于清，則又何苦膏血萬戶，以博一人皇帝之纖芥。所以甘死而不悔者，冀與共和相始終耳，今袁背棄前盟，暴行帝制，解散自治會，而圖閹安民矣；解散國會，而國家無正論矣，濫用公款，謀殺人才，而陷國家於危險之地位矣；假民薦獄，而良懦多爲無辜矣。有此四者，國无不亡。國亡則民奴。獨袁與二三附從之奸，尚可執鞭珊瑚，以保富貴臣。於戲，吾民何不幸，而委此國家生命於袁氏哉。自袁爲總統，毀此民戲，野有餓莩，以諮吞民。今長江大河萬里以內，武漢京津抱要諸軍，曾已暗受驅軟，磨劍以待，一旦義旗起呼，義勤天地。當以秦隴一軍，出關北指，川楚一軍，規費中原，閩粤鹿旌橫海，合齊魯以擣京左。三軍既與。既京共和，卽將民戲，吾儕誓既以大仁大義，鑄此鉅錯，又焉敢不犯湯冒死，毀此民戲，以該吞，我將與諸君子，挽揭子江口，定盟所以樹東南之威。又曰，封有臣億萬，惟億萬心，予有臣三千，惟一心，正義何守，何堅不破，國與愛國之豫慢共圖之。孫文。

■ 1915年12月，孙中山发布《讨袁宣言》

复之地。以此为导火索，国内各界群情激愤，以各种形式表示反对。孙中山更是加大了反袁的力度。

袁世凯虽说已权倾朝野，但对皇帝的顶礼膜拜，让他心怀此梦。而他手下的一帮党羽，亦是推波助澜，不断上演复辟闹剧。

8月14日，杨度等人在北京发表《发起筹安会宣言书》，公开鼓吹帝制。11月20日，全国各省"国民代表大会"所谓"国体"投票均告完成，全体赞成君主立宪。

12月11日，参政院举行解决国体总开票，各省国民代表共1993人，赞成君主立宪票正好是1993张，是"空前一致"。各省的推戴书上"众口一词"："恭戴今大总统袁世凯为中华帝国皇帝，并以国家最上完全主权奉之于皇帝，承天建极，传之万世。"杨度当场提议："本院前由各省委托为总代表，尤应以总代表名义恭上推戴书。"秘书长随即当众朗读，要求袁世凯"俯顺舆情，登大宝而司牧群生，履至尊而经纶六合"。

当天中午，袁世凯故作姿态，申令立即发回，"另行推戴"。下午5点，参政院再次开会，再呈推戴书，称颂袁有经武、匡国、开化、靖难、定乱、交邻等六大"功烈"，祈请他不要再推辞，袁世凯也就当仁不让了。

在身边一帮人的极力鼓噪下，袁世凯向复辟帝制迈出了举世共愤的一步。次日，他接受"拥戴"，称帝终成事实，走上了一条自绝的不归路。

就在这"艰难顿挫"的岁月里，孙中山同他的助手宋庆龄于1915年10月25日在东京成婚。从此，他们并肩走过了10年的风雨历程。

平心而论，"二次革命"失败，孙中山流亡日本后的一段时期，他开展的活动算不上很成功，他所期待的目标并未实现。不过，"失之东隅，收之桑榆"，其个人还是有所斩获，那就是与宋庆龄由相知、相爱到结成伉俪。

　　宋庆龄的父亲宋耀如是孙中山的追随者、挚友，始终支持革命。他有6个孩子，宋庆龄排行第二，生于1893年。童年时的宋庆龄，因孙中山去家中拜访父亲，有过一面之缘。长大后，从父亲的言谈中对他又有所耳闻：一个坚定的革命者。这个心目中的英雄，给富有理想的宋庆龄留下了深刻的印象。15岁那年，她与妹妹宋美龄一同赴美求学，入卫斯理安学院。

　　1911年，国内爆发了辛亥革命，关注国家命运的宋庆龄得知后，兴

■ 孙中山和宋庆龄在"乐士文号"飞机前留影

奋得不能自已，沉睡的雄狮终于发出怒吼，祖国的复兴有了希望。她以"二十世纪最伟大的事件"为题，写下了自己当时的感受："中国革命是滑铁卢以后最伟大的事件，是二十世纪最伟大的事件之一。这场革命取得了最辉煌的成就，它意味着四万万人已从君主专制政体的奴役下解放了出来。"该文发表在学校的校刊上。

看似温文娴静的宋庆龄，却似一位血气方刚的大丈夫。那一刻，她恨不能立即飞回国内，勇敢地去参加战斗。

可是，接踵而来所发生的事，则让宋庆龄陷入痛楚。推翻帝制，共和肇始，可未来之路却陷入一片混沌，从孙中山辞去临时大总统到宋教仁遇害，从革命党人发难再到袁世凯肆无忌惮地大开杀戒，革命前景一片黯淡。宋庆龄开始为孙中山及革命党人的安危担忧，此刻，在她心中，已播下了革命的种子，未来，这颗种子将召唤她为之奋斗。

1913年，宋庆龄毕业，获得文学学士学位，她拿到证书后，便迫不及待地前往日本，与因躲避袁世凯迫害而暂居国外的家人相会。8月30日，由父亲带着，宋庆龄再次见到了孙中山。此后一段时间，她又多次前去拜访。

1914年5月，宋庆龄的姐姐宋蔼龄与基督教青年会总干事孔祥熙喜结良缘，婚后不久，他们奉孙中山之命回国从事反袁活动。此前，宋蔼龄一直担任孙中山的秘书，这时她不得不辞去这一工作，宋庆龄便主动提出接替姐姐来做这事。

宋庆龄成了孙中山的得力助手，她把所有整理文件、处理函电、收集资料以及其他琐碎的工作全都承担下来，做得井然有序，这使得孙中山可以专心致志、全力以赴去考虑革命大政。而闲暇之余，她常常陪伴孙中山外出散步，放松心情，彼此间十分融洽契合。

■ 1922年，孙中山、
宋庆龄游桂林叠彩山
合影

■ 宋庆龄

　　这期间，孙中山领导的反袁斗争接连遭到败绩。在这非常时刻，宋庆龄坚韧不拔，矢志不移地与他共度危局，在患难中建立起深厚的情谊。随着交往的加深，他俩的感情与日俱增。

　　是年底，宋耀如带领全家回到上海，次年6月，宋庆龄亦要归国省亲，临行前她对孙中山说："我走后，你把需要我做的工作都记下来，待我回来后再处理。"

　　孙中山有些吃惊地问道："你还要回来？""当然，"宋庆龄肯定地说。她深情地望着孙中山，敞开心扉，"我准备在两个月之后回来。我曾细细地想过很久，觉得除了帮助你为革命工作外，没有什么更使我快活的了。我可以设法解除你所受的困扰，帮助你工作，留意你的一切。我十分希望我能这样地献身革命。"

　　这是爱的召唤，这是情的呼喊。孙中山很是感动，但他深知，各种意想不到的灾难和挫折随时都有可能降临，他不愿这个年轻而纯洁的姑娘过早地跟着他担惊受怕，承受不应有的那份危险。他直言目前不能接受这一点。

　　宋庆龄不假思索，抑或早下决心，喃喃地说："有一件事我要晓得，你愿不愿意和我永远在一起？我知道你曾经结过婚，但那已经过去，与目前的事情不发生关系。现在我要知道的只有一件事，你要不要我做你的妻子，永远帮助你做革命工作？"

　　尽管宋庆龄的这番话不是戏言，但孙中山依然十分理智，他抑制住自己的情感，真诚地对宋庆龄说："你不能牺牲自己，我是一个不值得加以考虑的人，我已经老了，你还年轻。"

　　是时，孙中山49岁，而宋庆龄才22岁，两人相差有27岁之多。从年龄上来讲，不合适；从关系上看，亦不合适。

"但是革命呢？它可不管年龄，却需要一切人。"宋庆龄说道。

孙中山感叹地说："庆龄，我深知你是怎样的人，你太勇于自我牺牲了。那你得征求你父母的同意，这可不是闹着玩的。"

孙中山必须考虑他的老友宋耀如的想法和感受，还有要和自己的结发之妻卢慕贞商量一下才行。

"我会告诉他们的，不过，现在一切可以定了。"宋庆龄以坚定的语气说出这话。

宋庆龄回到上海，当她把自己的心愿如实说出后，掀起了一场轩然大波。她诚恳地向父母倾诉衷肠："现在我和孙中山都希望能互相结合。这样我们可以常常厮守在一起。我可以帮他不少忙，而我的心也倾向革命了。他是一位善良而伟大的人物，所以我现在征求你们的同意。"听到这话，他们大为震惊，这简直是不可思议，绝对不行。父母反对的理由很充分：这门亲事极不合适，一来孙中山有妻室儿女，二来两人年龄悬殊太大，三来他所从事的革命十分危险，一不小心就掉脑袋，四来宋父与孙中山同庚，又是多年老友，如今要成为他的岳父，这岂不乱了辈分？

情急之下，宋庆龄的父母立即商量，赶紧给她提亲，立即成婚，以断了她的这个念头。然而，欲速则不达，当向宋庆龄提出这事后，执拗的她直言，这不是我决定的婚姻，我绝不要。见女儿如此坚决，父母一时无语，只好采取拖的办法，将她软禁在家中，先降温，平复一段时间，然后再另行谋划。而作为女儿，宋庆龄也不能完全不顾及父母，只好无奈地等着。

这期间，宋庆龄给孙中山写信说："你看！你叫我先告诉父母，再加以决定的办法，是得到了怎样的一个结果……我现在只为着我父亲，才留在这里。你是认识他的，同时，你也知道，他既然叫我等待，那是我不得不等的。但是'等'可是苦事，是非常苦的事。如果讲到我母亲的见解，那么等待完全是白费工夫。"

宋庆龄在不安的等待中熬了3个月，父亲实际上已经默许，但母亲仍坚持己见。宋庆龄知道这婚事只要父母有一人不答应，就不好办。既然母亲不同意，她又说服不了，待在上海已毫无意义，于是毅然决定不辞而别，"我的事情我做主"。宋庆龄在佣人的帮助下，偷偷从窗户爬出，登上爱的方舟，返回日本。

在宋庆龄回国后，孙中山的思绪亦十分纷乱，寝食不安，他发现自己已离不开她。此时的他，心中充满矛盾与苦闷，一方面为如何面对原配夫人卢慕贞而苦恼，另一方面又充满着对宋庆龄的爱恋。孙中山与卢慕贞是奉父母之命结为连理，并无感情基础。长期以来，他在外奔走革命，两人天各一方，聚少离多，卢慕贞不仅不能给他在生活方面的照料，更在学识、志趣与理想等方面相去甚远。

最终，孙中山还是下决心与卢慕贞商议离婚一事。他写了一封长信，申明了离婚的理由。卢慕贞是一位贤淑善良的中国传统女性，虽然没有什么文化，但她识大体、明事理，自忖自己的才识不能襄助丈夫进行革命活动，尽管有些失望，但还是在信上写了一个"可"字，

■ 卢慕贞

表示同意。

9月1日，孙中山请卢慕贞来到日本，具体商议离婚一事，善解人意的她答应了孙中山的要求，从而结束了二人并不幸福的婚姻。这样，孙中山便可以以自由之身，敞开怀抱，接纳一段新的感情。

10月24日，宋庆龄回到东京。次日，孙中山与宋庆龄委托东京著名律师和田瑞办理结婚登记，并郑重签下了《婚姻誓约》。

誓约书

此次孙文与宋庆琳之间缔结婚约，并订立以下之誓约：

尽快办理符合中国法律的正式婚姻手续。

将来永远保持夫妇关系，共同努力增进相互间的幸福。

万一发生违反本誓约之行为，即使受到法律上、社会上的任何制裁，亦不得有任何异议；而且为了保持各自之名声，即使任何一方之亲属采取何等措施，亦不得有任何怨言。

上述诸条誓约，均系在见证人和田瑞面前各自的誓言，誓约之履行亦系和田瑞从中之协助督促。

本誓约书制成三份：誓约者各执一份，另一份存于见证人手中。

誓约人　孙　文（章）

同　　　宋庆琳

见证人　和田瑞（章）

千九百十五年十月二十六日

他们听从和田瑞的建议，把结婚日期写成10月26日，以取逢双大吉之意。至于宋庆龄的"龄"为何写成"琳"字？她后来回忆说，是因为这个字容易写。

下午，他们在日本友人梅屋庄吉家中举行了简单的婚礼，廖仲恺夫

■ 1915年10月25日，孙中山与宋庆龄在东京结婚后合影

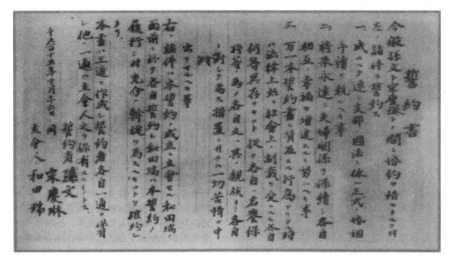

■ 孙中山和宋庆龄结婚誓约书

■ 孙中山与宋庆龄

■ 孙中山与梅屋庄吉夫妇合影

136

妇等中国朋友以及几位日本朋友犬养毅、宫崎寅藏、头山满参加。

宋庆龄戴着大花边帽，穿着一件粉红和淡绿花图案的裙子，手里拿着一束花，愈发显得俏丽动人。孙中山拉着她的手进门，由摄影师拍下了他们的合影。在场的客人们纷纷向新婚夫妇表示祝贺，簇拥着新郎新娘喝下交杯酒。

待到宋庆龄父母赶到日本，希望能够阻止女儿与孙中山成婚时，为时已晚。尽管他们不满这门婚事，但毕竟是自己的爱女，还是送了一套古朴的竹编家具，作为陪嫁。

虽然有人对孙中山、宋庆龄的婚事有非议，但他俩互为倾心和满意。婚后，孙中山在给恩师康德黎的信中高兴地写道："她不仅是我最得力的助手，也是我的朋友，她的来到开始了我的新生活。我很高兴她改变了我以前那种令人乏味的生活。"以后的历史证明，宋庆龄为孙中

■ 宋家为宋庆龄置办的丰厚嫁妆

■ 唐继尧

山做出了无私的奉献和牺牲，她与孙中山的结合，对推动孙中山晚年的革命活动有着积极的作用。

此时，国内局势依然险恶。袁世凯倒行逆施，复辟帝制，令人憎恶。11月，处于袁世凯监视下的原云南都督蔡锷从北京化装出走，转道日本，于12月19日返回昆明后，力主立即兴师讨袁。23日，蔡锷以唐继尧名义向袁世凯发出最后通牒，要求取消帝制，惩办元凶，并限于25日上午10时以前答复，遭拒。唐继尧、蔡锷、李烈钧等于是日率先通电全国，称袁世凯既为"背叛民国之罪人，当然丧失总统之资格"，并宣布"深受国恩，义不从贼，今已严拒伪命，奠定滇黔诸地，即日宣布独立"，同时成立护国军政府和护国军，反对帝制，以武力讨袁。1916年1月1日，护国军政府在昆明正式成立，唐继尧任都督。

民初的政治乏善可陈，虽然共和国这个理想在中国出现了，但要按照西方模式建立起一个共和国家和一整套政治制度的话，当时中国确实还不具备主客观条件。所以一面是要实行共和，一面又建立不起来，形成了旧权威被打掉而新权威尚未建立这样一个真空。于是，专制独裁乘虚而入，再次粉墨登场。

然而，时代毕竟不同了，人们的观念逐步改变，社会也不断更新，没有了帝制生存的土壤，袁世凯的皇帝梦，也就该当命绝！

蔡锷等在云南发起讨袁的护国战争后，贵州、广西、广东、浙江等省纷纷响应，宣布独立。西方国家也一改态度，日本推翻先前诺言，指出袁世凯断行帝制，是无视友邦劝告，日本政府不能承认；其他列强也警告袁世凯的帝制复辟赶快收场。即便是袁氏最亲信的人亦离心离德，"口诛笔伐"，3月21日，江苏将军、袁氏嫡系冯国璋，江西将军李纯，长江巡阅使张勋，山东将军靳云鹏，浙江将军朱瑞联名致电袁世凯，请其取消帝制，以

■ 蔡锷

平"滇黔之气"，而段祺瑞更是直言反对。

袁世凯欲屈天下奉一人，必至尽天下敌一人。一时间激浊扬清的狂飙从天而降，一场反对帝制的风暴席卷全国，袁世凯陷入一片声讨之中。反袁声浪前后相续，令孙中山甚为振奋，当即指令革命党人蓄势待发，于次年初在全国各地陆续发动武装起义。

在内外交困之下，袁世凯成了众矢之的。在四面楚歌之下，他于3月22日被迫宣布取消帝制，废除"洪宪"年号，仍称大总统。仅仅做了83天皇帝，袁世凯的复辟梦就灰飞烟灭。

5月9日，孙中山回到上海，再次发表《讨袁宣告》，言称"决不肯使谋危民国者复生于国内"。遭受沉重打击的袁世凯积郁成疾，不待革

命党人行使最后一击，便于6月6日魂归西天。

护国运动虽然驱除了袁世凯，但国家权柄仍操于北洋军阀之手。孙中山认为当前首要任务就是恢复被袁氏废除的《中华民国临时约法》，他于9日发表《规复约法宣言》，重申《约法》的重要性，并向北京政府提出三项要求，包括"立即恢复《约法》、召集国会、惩治祸首"。

29日，继任总统黎元洪召集国务院会议，决定废止袁氏约

■ 廖仲恺

法，恢复旧约法，同时任命段祺瑞出任国务总理。对此，孙中山采取了合作的姿态，为表诚意，以中华革命党本部的名义，下令"解散"中华革命军，并决定停止中华革命党的一切活动。随后，又派廖仲恺、胡汉民等北上与黎元洪、段祺瑞谈判。

袁世凯死后，"树倒猢狲散"，北洋统治集团分化，形成了段祺瑞的皖系和冯国璋的直系，此外，还有以张作霖为首的奉系，以及一些地方军阀，诸如桂系、川军、晋军、湘军、粤军、黔军、滇军等，不一而足。各派割据称王，你争我夺，相互攻伐。

是时，黎元洪执总统府，段祺瑞掌国务院，"一山岂容二虎"？控制着北洋政权的段祺瑞骄横跋扈，根本不把软弱的黎元洪放在眼里，表面上拥护黎元洪继任大总统，实际"挟北洋以令总统"，曾不止一次

地叫嚣："我是叫他（黎元洪）来签字盖章的，不是叫他压在我头上的。"身兼国务总理和陆军总长的段祺瑞，既要掌政权，又要控军权。

黎元洪当然不甘做一个有名无实的傀儡总统，成为北洋军阀掌上的玩物，被人吆三喝四，他决心依靠国民党人及国会，阻击段的恣意妄为。由此，总统府和国务院滋生出许多是非，一场"府院之争"的火并，闹得是不可开交。

孙中山意识到段祺瑞是身披"再造共和"外衣，行专制之实，深感"民国一厄于袁世凯，再厄于段祺瑞"，而"假共和之祸犹甚于真复辟"，因此，必须对其进行揭露和申讨。奋起反击的护法运动，由是

■ 1916年，孙中山50岁。3月22日，袁世凯取消帝制，4月9日，孙中山、廖仲恺、宋庆龄、何香凝等在日本举行"帝政取消一笑会"

开始。

1917年夏，政坛出现了一个小小的插曲，张勋带辫子兵进京，拥戴清废帝复辟，北京城再次飘舞黄龙旗。

在"府院之争"中，段祺瑞利用督军团压迫国会接受对德宣战案，孙中山即与章太炎、岑春煊、唐绍仪联名致电，要求遵守《临时约法》，尊重国会。5月，黎元洪下令免去段祺瑞总理之职，他一怒之下，跑到天津，唆使安徽、奉天、山东、福建等八省督军宣告"独立"，组成各省总参谋部，打出反对黎元洪的旗帜，威胁出兵讨伐。孙中山又连续通电西南各省，呼吁拥护《约法》和国会。

黎元洪见处境不妙，于是向驻守徐州的张勋求助。他慨然答允，于6月14日以"调停"为名，率5000名"辫子兵"向北京开拔。谁知，黎元洪前门赶走段祺瑞那只狼，后门却引来张勋这只虎，他是"请神容易送神难"。

张勋入京后，急电各地清朝遗老"襄赞复辟大业"，大小复辟分子纷纷云集北京。30日，张勋一伙入宫，参加清室"御前会议"，谋划复辟的具体措施。7月1日，张勋等拥入清宫，行三跪九叩之大礼，将12岁的废帝溥仪拥上皇帝宝座，公然宣布清室复辟。他在《奏请复辟折》中宣称："外察各国旁观之论，内审民国真实之情，靡不谓共和政体不适吾民，实不能复以四兆人民敲骨吸髓之余生，供数十政客毁瓦画墁之儿戏"，臣"谨代表二十二省军民真意，恭请我皇上收回政权"。接着宣读了康有为事先拟好的"上谕"，宣布"于宣统九年五月十三日临朝听政，收回大权，与民更始"，并公布"政纲"九条，要求"誓共遵守"。

7月1日至3日，溥仪接连发布"上谕"，恢复旧制，大封官爵。张

■ ① 段祺瑞　　② 张　勋
　 ③ 黎元洪　　④ 黎元洪

①	②
③	④

勋为政务总长兼议政大臣、直隶总督兼北洋大臣，其他大小封建余孽、政治掮客分别授予不同官职。

一时间，黄龙旗又在北京飘起，那些早就盼望清室复辟的王公贵族、遗老遗少弹冠相庆，兴冲冲地聚集在皇宫门前等候觐见"皇上"；没有朝服的人急忙到旧衣铺去抢购朝服，没有发辫的人只能定做用马尾制作的假发辫"以假充真"。他们身穿长袍马褂，头顶真假发辫，一时招摇过市。

然而，这样的局面维持不了多久，帝制必将遭到共诛，前车之鉴，袁世凯的下场，当是张勋的最后结局。

段祺瑞在天津马厂发表讨张通电和檄文，组织讨逆军，4日在马厂誓师，5日正式开战，12日拂晓攻进北京城内。"辫子兵"一触即溃，在讨逆军两路夹攻下，有的举白旗投降，有的剪掉辫子、扔掉枪支逃命。"辫帅"张勋仓皇逃到荷兰使馆躲藏起来。当日，只做了12天"北京皇帝"的溥仪再次宣布退位。

7月3日，在张勋拥清室复辟之后，孙中山在上海召集章太炎、唐绍仪、程璧光等人商议拥护共和、出师讨逆大计，决定在南方的广州另行召集国会，组织临时政府，高擎护法大旗。随后，孙中山致电北京参众两院议员，号召议员集体南下，以存正气，以振纲纪。7月6日，孙中山一行离沪南下。

7月19日，孙中山到达广州，随后着手组建军政府，并致电邀约上海、天津的国会议员南下。

段祺瑞在打败张勋重新执掌北京政府后，拒绝恢复《约法》和国会，准备另行召集"临时参议院"，重新制定《国会组织法》和《选举法》，选举新国会，以达到他取消国民党议员占优势的旧国会和废除

■ 溥仪

■ 段祺瑞部讨逆军在东安门与辫子军交战

■ 1917年7月宋庆龄陪同孙中山南下护法，图为他们在广州大元帅府内合影

■ 讨逆军实施攻击

《临时约法》之目的。

段氏之举动，引起了旧国会议员的不满，他们纷纷南下赴粤，至8月中旬，到达广州的国会议员已有150余人。

8月18日，孙中山宴请众议员，并通过协商，意见基本趋同："北京政府既已毁废《约法》，向护法各省用兵，中华民国名存实亡。为了对内团结护法各省，对外实行独立自主的外交政策，必须在南方另行组织政府。考虑到来粤议

■ 吴佩孚

员不足法定人数，于是决定召开国会"非常会议"。

8月25日，国会非常会议在广州如期召开，31日通过《中华民国军政府组织大纲》，组织中华民国军政府。

9月1日，孙中山当选为中华民国军政府陆海军大元帅，唐继尧和陆荣廷为元帅。10日，中华民国军政府在广州组成，它标志着护法运动开始启动，一时形成了南北对峙的局面。

孙中山表示"当竭股肱之力，攘除奸凶，恢复《约法》"。显而易见，不实现北伐，不打倒北洋军阀，护法就是一句空话。

段祺瑞继承了袁世凯武力统一中国的衣钵，决心镇压西南护法，挑起第二次南北战争。他一面对湖南用兵以制两广，一面对四川用兵以制滇黔。

"来而不往非礼也"，孙中山于10月3日正式下令讨伐段祺瑞等民

① 护法时期的海军总长程璧光

② 1917年7月，复辟失败后，张勋躲入荷兰公使馆。怀中所抱为其最小的儿子

③ 孙中山自上海到达广州，举起护法旗帜。图为孙中山到广州后留影

五　南下广州与三度开府

■ ① 1917年9月1日，国会非常会
　议选举孙中山为中华民国军政
　府海陆军大元帅。图为孙中山
　着大元帅服戎装照。10月，护
　法战争正式爆发
　② 身着海陆军大元帅服的孙中山

■ 1917年8月25日，国会非常会议在广州开幕。图为孙中山与议员合影

■ 1917年9月18日，湖南宣告独立，组成护法军湘南总司令部，程潜就任总司令，拉开护法战争的战幕

■ 9月10日，孙中山就任陆海军大元帅时与同仁合影

国叛逆，以清正源。段祺瑞则针锋相对，也向北洋军下达了讨伐令。

为了统一部署，孙中山将各地军队进行整编，统归军政府领导，由两元帅分别节制：云、贵、川三省兵力划归唐继尧统率，出兵先攻取四川，然后顺江而下，攻取中原。两广军队则由陆荣廷统辖，进军湖南，配合在湘的程潜、刘建藩等，以湖南为前沿，以图中原。9月下旬，北洋军开始进攻，分三路突入湖南，随后，两军在湖南湘潭展开交战，护法战争正式拉开帷幕。

孙中山首度"开府广州"后，摆在他面前有一道难题，他不仅要对北洋集团进行声讨，还必须警觉混迹于护法运动中的西南军阀，因为一兵一卒尽在他们掌控之下。孙中山虽贵为大元帅，但名高权轻，他更多的只有空泛的话语权。

西南六省固然是辛亥革命的策源地，有护法的基础，但是，既已被军阀所盘踞，也就绝非"净土"。西南军阀虽已"同仇敌忾"，发表了讨逆护法宣言，但他们终究是割据的势力集团，扩张地盘野心勃勃。之所以"拥护"孙中山护法，不过是想借助"护法"之名，实收"蚕食鹰攫"邻省之效。

孙中山与军阀的合作，有幻想的成分，也有策略的运用，越到后期，策略的运用越占主要地位，直至提出打倒军阀及其后台帝国主义的主张，才反映出他的彻底觉醒。

为了对抗段祺瑞的武力统一，西南军阀一时接纳孙中山南下，而占据两广的陆荣廷，是极力排斥这一地区的异己势力的。孙中山"开府广州"后，被西南军阀视为抢夺他们的地盘，故从一开始就想方设法要削弱军政府的权力。广东督军署从内政、财政和对外交涉方面进行极力压制，财政限遏尤甚，不仅不予资助，反而竭力攘夺。孙中山苦心孤诣

■ 广西军阀陆荣廷

培植的粤军更是寄人篱下，遭到压制和排斥。桂系和滇军对北伐则毫无兴趣，不听使唤。

10月，陆荣廷和唐继尧暗中策划成立另一个机构，以代替军政府。11月4日，陆荣廷策动唐绍仪、程璧光、李烈钧、伍廷芳等人在广州开会，讨论成立"西南联合会议"，推举李烈钧起草《西南联合会议章程草案》。孙中山鉴于军政府无法行使职权，广州受制于桂军，另外出于加强西南各派护法力量联合的考虑，也一度表示赞成设统一机构，以便"联西南各省为一大团体"，但它仅作为一个军事机构，隶属于军政府之下。西南联合会议成立后，置军政府于何地？一言以蔽之，就是要取而代之。他们凌驾于军政府之上，公然拆台，自拟议和总代表，主张南北妥协。真相大白后，孙中山坚决反对，程璧光、伍廷芳等人也转而醒悟，西南联合会议遂告流产。

11月14日，直系将领王汝贤和范国璋因不愿为皖系卖命，通电议和，撤离衡山前线，使得护法军于29日轻取长沙。而唐继尧为首的滇系也组成滇、黔联军，会同前往四川的国民军与北洋军交战，于12月3日攻占重庆。在其他各省，由中华革命党和国民党人领导组建的护法武装也相继而起，护法战争的烽烟席卷了全国大部分省区。

　　北洋军在湖南的失败，是直、皖两系之间争斗的结果，并进一步激化了他们的矛盾。直系首领、代总统冯国璋企图借助西南军阀对抗皖系，他暗中主和。

　　段祺瑞见武力统一的目的落空，遂于11月向冯国璋提出辞呈。以强硬著称的段祺瑞下台后，北京方面又乍现"南北议和"的声音。冯国璋暗示湖北督军王占元、江西督军陈光远、江苏督军李纯于18日联名通电，主张双方罢兵休战，和平解决南北问题。

　　随后，冯国璋于25日发表弭战布告，这引起了护法阵营内的不稳。由于最初护法宗旨不一，导致西南各派护法力量逐渐分化。以扩张实力和地盘为目的的桂、滇两系，在分别控制了湘、川两省后便虚与委蛇，很快和直系妥协，发起南北停战。

■ 长江三督之一湖北都督王占元

■ 长江三督之一江苏都督李纯

■ 长江三督之一江西都督陈光远

别有用心的西南军阀使孙中山为恢复约法政府而进行北伐的计划受阻，令他一时进退维谷。

对于直系的主和政策，皖系与北洋主战派强烈不满，在段祺瑞及其心腹徐树铮的策动下，由13省督军代表参加的天津会议，强烈要求冯国璋明令讨伐西南。面对他们的要挟，他只好做出让步，南下继续伐湘。本来有望停战的局面，转瞬之间便不复存在。

段祺瑞的皖系趁机反扑，吴佩孚则率直军连续攻陷岳阳等地，粤桂联军迅速溃退，继之长沙失守。陆荣廷为了保全他在两广的统治权，背着孙中山与吴佩孚签订了停战协定。

一波才平，一波又起。当孙中山还在为北伐竭尽全力之时，西南军

■ 吴佩孚

阀、政学系政客、国民党不坚定分子却频频密议，公开合流。岑春煊挑唆政学会议员杨永泰，联合吴景濂等提出改组军政府议案。1918年2月2日，开会讨论军政府改组问题，随后抛出了《中华民国军政府组织大纲修正案》，包括将军政府原有之单一制改为合议制；改大元帅一职为政务总裁若干人组成之政务会议，责任同负等内容，这等于取消了孙中山的领袖地位和对护法的领导权。

孙中山坚决反对军政府改组，他郑重声明，"护法之唯一主张，在恢复旧国会，并使之完全行使职权，无论改组内容如何，此主张绝对不能有所牺牲"。并强调指出，如果军政府现在改组，必然是"军府朝撤，粤局夕变"，后果十分严重。

尽管孙中山一再谴责，但他们置若罔闻，改组军政府之议甚嚣尘上，大势已无法改变。5月4日，国会非常会议就改组军政府案再行讨论并表决，多数通过，议案有效。得知这一消息后，孙中山别无选择，命人将大元帅辞职咨文送交会议，以示抗议。

孙中山的辞职通电，一时引起震荡，拥戴者颇多愤激，国会中也为此发生激烈争执。其后，一些国民党人通电反对改组军政府。急不可耐的桂、滇军阀及政学系的政客担心夜长梦多，决定尽快结束这次"改组"。5月20日的非常国会会议，选举孙中山、唐绍仪、伍廷芳、唐继尧、陆荣廷、岑春煊等7人为总裁，陆荣廷和唐继尧又推举岑春煊担任主席总裁，孙中山则遭到排斥。至此，西南政局完全被桂、滇军阀所控制，护法军政府名存实亡。

孙中山终于明白，南北军阀一丘之貉，皆不可靠。他们之所以密谋改组军政府，不是为了护法，而是自身的权益作祟。护法的旗帜既倒，护法的权力被夺，迫于这样的形势，孙中山坚辞总裁职务，"决不与之

■ 1921年5月5日，孙中山在广州就任中华民国非常大总统，建立正式政府。图为宣誓就职后合影

共饰护法之名，同当误国之罪"，愤然离穗赴沪。孙中山领导的首次护法运动至此失败。

从晚清到民初，孙中山经历了革命的跌宕起伏，几无宁日，太多的挫折，让他心绪难平。客观地说，国情复杂，难以驾驭；而就主观而言，凡事未必都能了然于心。

改组后的护国军政府被岑春煊、陆荣廷等西南军阀所把持，但不久即起内讧。1920年2月，驻粤桂滇两军兵戎相见，唐继尧、伍廷芳、林森等宣布脱离军政府，经香港转到上海。国会中许多议员亦因不满而纷纷

■ "七总裁"之岑春煊

■ "七总裁"之伍廷芳

■ 1919年,唐绍仪作为南方军政府代表,至上海参加南北议和

离粤赴沪，一时在上海的国会议员达300多人，他们发表共同宣言，对改组后的广州军政府不予承认。6月3日，孙中山和唐绍仪、伍廷芳、唐继尧以"四总裁"名义发表《移设军政府宣言》，意在上海重设军政府。

孙中山避居上海后，积极加紧策划，以重树护法大旗。17日，孙中山派徐绍桢为两广讨贼军总司令，率部讨桂。又派朱执信、廖仲恺、蒋介石去福建，敦促陈炯明班师回粤，驱除桂系势力。8月，驻闽粤军兵分三路挥师入粤。粤军攻势凌厉，桂军一触即溃，至10月底，广州克复，重回革命党人手中。粤军乘胜扩大战果，将桂军残部全部驱逐出境，旧桂系在广东近五年的统治至此宣告结束。

11月25日，孙中山一行重返广州，他于29日宣布恢复军政府，召开军务会议，继续履行职务。孙中山此行，不唯"二次护法"，还在于以广州为根据地，建立南方革命政权，谋求全国统一。诚如他所言，"护法不过矫正北政府之非法行为，即达目的，于中华民国亦无若何裨益"，孙中山已意识到军政府无论对内对外，都不能适应形势的要求，"广东此时实有建立正式政府之必要"。

1921年1月4日，孙中山和伍廷芳、唐绍仪、王伯群四人联名致电在沪的众议院院长吴景濂，盼其偕同留沪议员来粤开会。4月2日至7日，国会参众两院在广州召开国会非常会议，通过《中华民国政府组织大纲》，选举孙中山为中华民国非常大总统。5月5日，孙中山正式就职，并组建广州"国民政府"。随后，发表就职宣言和对外宣言，阐述政府的主要目的是进行北伐以统一中国。他特别强调，"自1917年6月，非法解散国会，北京已无合法政府"，宣布广州国会为全国各省各区唯一之合法代表机关，现已组成政府，希望各国承认广州政府"为中华民国唯一之政府"。这是孙中山二度"开府广州"。

■ ① 廖仲恺　　② 王伯群
　　③ 吴景濂　　④ 徐绍桢

①	②
③	④

北洋政府毕竟占着执掌中央大权之要位，各国只与它互通有无。故对广州国民政府的成立，岂能容忍罢休？以直系头子曹锟、奉系头子张作霖、桂系头子陆荣廷为首，纠集各省督军在天津共商对付办法。会后发表通电，反诬孙中山之国民政府，扬言"当与国人共弃之"。

两广毗连，"唇亡齿寒"，身在广西的桂系军阀陆荣廷更为心急，孙中山在广州建立中华民国政府如骨鲠在喉。尤其对失去广州地盘，更是急于报复，遂令广西督军陈炳焜集结军队，举兵向广东进击。

统一两广，出师北伐，无疑是孙中山第二次在广州开府的中心任务。但他自有战略上的考虑，即"先灭桂贼而统一南方，然后乃能北向讨伐"。如今，桂系蓄意寻衅，主动来犯。"即以其人之道还治其人之身"，为了巩固广州国民政府和解除北伐后顾之忧，孙中山任命陈炯明为援军总司令，迎头痛击，一举消灭广西反动势力。

孙中山设行营于肇庆，又令许崇智等从江西进攻取广西；李烈钧率滇军、谷正伦率黔军，分头向桂林方向进击。国民政府军队攻势如潮，桂军不堪一击，很快就分崩离析。陆荣廷见大势已去，败走越南。

旧桂系败亡后，广东革命政府解除了后顾之忧，两广、云贵、湖南等地连成一片，根据地扩大，军事力量得以充实。西南尽入囊中，但这显然不是孙中山的终极目标，时局的发展，增强了他打败北洋军阀的勇气和信心，诚如他所言，"夫统一中国，非出兵北伐不为功。……粤处偏安，只能苟且图存，而非久安长治，能出兵则可以统一中国"。

10月8日，孙中山向国会提出北伐议案获通过。中旬，开始了他的广西之行，准备取道湖南北伐。在南宁期间，孙中山多次召见陈炯明，商谈北伐事宜，反复强调其重大意义，希望不要错失良机。但陈炯明以兵困将乏、军力不足为由，一时无意发动。其实这只是一个借口，实际上陈炯明与孙中山已有歧见，陈想振兴广东，行地方自治之实，不愿把财力消耗在孙中山并无把握的军事计划上。有人认为，倾全力于北伐，而不是建立一个稳固的革命政治基地，这是一个错误。当然这是一孔之见，不唯如是，陈炯明的治政理念，与孙中山所奉行的政治纲领相左，是各从其志。最终他们分道扬镳，反目成仇。

孙中山遂于26日东返到达梧州，积极筹备北伐，并决定设大本营于桂林。1922年初，北伐军已大体整编完毕，粤、滇、黔、赣4省军队编为7个军，待命出发。2月3日，孙中山以陆海军大元帅名义发布动员令，10多万大军分路出师北伐。李烈钧率滇、黔、赣军为第一路，兼攻赣南和鄂东；许崇智率本部粤军为第二路，协同湘军直袭武汉。先遣部队进展顺利，进入湖南，北伐战争的序幕拉开。

■ 广东代理都督陈炯明

　　然而，北伐遭到诸多阻碍。外部，湖南军阀赵恒惕拒绝北伐军过境；内部，陈炯明公开干扰和破坏。留守广州筹划军饷的邓铿遇刺身亡，疑是陈炯明加害，这成为形势急剧恶化的先兆。孙中山被迫变更原定的北伐计划，他于3月24日在大本营召开紧急会议，决定迅即回粤。至梧州，陈炯明突然调动部队阻止北伐军回师。孙中山随即召开军事会议，决定出师江西。4月20日，免去陈炯明粤军总司令暨广东省省长职务，只留陆军部长一职，并反复劝诫。

　　5月4日，孙中山下令从韶关北伐，他呼吁全体国民"同心勠力，以成大功"。8日，发出总攻击令，兵分三路进袭江西，李烈钧为总司令，许崇智为三路总指挥。北伐军势如破竹，江西督军陈光远弃职逃跑。是时，总统徐世昌被直系威逼，于6月3日宣布辞职，皖系趁机又捧

■ 许崇智

■ 邓铿

出黎元洪复任大总统。孙中山表示反对，认为理应由护法政府继承法统。

　　就在孙中山兵发韶关之时，表面上退居惠州的陈炯明，暗中指使叶举率军进驻广州，随即发电要求孙中山恢复陈炯明原职。为了扭转局面，孙中山遂将大本营事务交予胡汉民负责，自己于6月1日返回省城。当时，陈炯明叛迹已露，他命人扣留廖仲恺，又指使叶举发出通电，要"孙中山与徐世昌应同时下野"。6月16日

■ 北洋政府大总统徐世昌

晚，陈炯明部突然炮轰、围攻总统府，欲置孙中山于死地。

　　由于双方力量悬殊，为避免不测，孙中山只得先期出走，转移到"永丰"舰上。他立即发出讨伐陈炯明的号召，急令北伐军速回师广州，平息叛乱。6月21日，叛军控制下的广东省议会通电宣称"推举"陈炯明为"临时省长"，同时敦促孙中山"下野"。两日后，海军各舰以全体官兵名义发出通告，服膺大总统，并宣布全体加入中国国民党。26日，广州各界应陈炯明部属之请，派代表赴"永丰"舰恳求调和，孙中山直言"实无调和余地"。

　　是时，北伐军已攻克赣州，胡汉民紧急调遣回粤救驾，途中遭遇叛军阻击，未能及时回返。孙中山在白鹅潭翘首以盼北伐军南下达2月之久，终未见到援兵，他在"永丰"舰上坚持了56天之后只好离舰去港，转赴上海。在赴沪途中，孙中山表示，"一息尚存，此志不懈"。抵达上海后再次发表宣言，决心继续为捍卫共和而战斗。

　　8月14日，黎元洪派人到上海，请孙中山去北京商谈和平统一问题。孙中山为澄清是非，以正视听，发表了《对外宣言》，提出南北和平统一的四点主张，既坚决反对军阀独裁统治，又不放弃用和平方式统一中国的愿望。

　　孙中山第二次护法，因陈炯明的叛乱而再告终结，这次失败令他痛

■ 1923年元旦孙中山与夫人在"永丰"舰上合影

心不已。前一次为西南军阀所扼杀，这一次却是"兄弟阋于墙"。在革命的紧要关头，自己人竟然掉转枪口，"同室操戈"，差一点置他于死地。这是孙中山万万没有想到的，正所谓"祸患生于肘腋，干戈起于肺腑"。但接踵的打击，并没有磨灭孙中山的斗志，他表示：只要信仰坚定，奋力以赴，就能排除万难，达到革命的目的。

■ "永丰"舰（后改名为"中山"舰）

孙中山将北伐军改为讨贼军，并派代表赴西南联络滇、桂军讨陈。在他的策动下，滇军杨希闵、桂军刘震寰同粤军邓演达部联合组成东、西两路，协同作战，击溃了盘踞在广州的陈炯明叛军。

1923年1月4日，孙中山在上海发表《讨伐陈炯明通电》，至1月下旬，陈炯明见大势已去，在惠州宣布"下野"。2月21日，孙中山一行到达广州，设立大元帅府，就任陆海军大元帅，不再称大总统，这是孙中山在广州第三次开府。

这一次，孙中山一改"护法"的陈旧口号，宣布他再回广州，不在护法问题上做工夫，决心学习苏俄的经验，建立一个新型的革命政党和革命军队，整理内政，铲除一切不正之风，把广东建成一个真正的革命策源地，以发动一次与过去历次不尽相同的真正革命。

六

改组政党与继往开来

　　1912年由五党同组的国民党，主要是针对袁世凯的势力扩张，是一种临时的应急之举。其党员成分复杂，志趣不一，数年聚集，不免滋事，孙中山对此多有思考。袁世凯死后，被解散的国民党虽然恢复了名誉，但组织活动尚未开展。孙中山致函国民党员，表示要恢复国民党，并于1919年武昌起义8周年纪念日之际，正式以中国国民党名义发表《通告》及《中国国民党规约》，宣告中华革命党改建为中国国民党。

　　《规约》分8章32条，在第一章"总纲"中，提出本党"以巩固共和、实行三民主义"为宗旨。这与中华革命党有本质上的不同，前者是公开的政党性质，而后者是秘密结社。中华革命党仅以民生、民权两主义为奋斗目标，中国国民党则恢复了"民族"主义这一内容。中国国民党成立后，推举孙中山为总理。

　　"以不变应万变"和"以变制变"，都是一种对策，贵在相机行事。我们看到，孙中山自倡导革命以来，每当革命情势有所变化，抑或遭际挫折，总是通过调整或改组其革命团体，使之有效地领导成员共同奋斗，这是他不断进取的一种积极方式。惜乎，这是一把双刃剑，在强大自我的同时，亦会伤及自身。不可否认，每一次重组，都是一次振兴，初现成效。但有一利也带来一弊，同样每一次重组，队伍的纯洁性亦会出现问题。在招兵买马的大力号召下，扩容必然带来成分的混杂，良莠不齐，易起纷争，难以领导。久之，组织涣散，人心不稳，殊难同调。初起的同盟会，由于包罗之众和吸收之广，不断发生内争，包括个人冲突、理论相异和革命方略之歧见。特别是一连串的失败，更增加了相互碰撞的激烈性，整个组织从趋于涣散到几乎陷入瓦解。后来的国民党，范围日见扩张，势力不断盈满，但就精神而言，亦今非昔比，殊难同日而语。于此，孙中山必须再做抉择。

共产国际成立后，在欧洲发动的革命相继失败。1920年6月，列宁为共产国际第二次代表大会草拟了《民族和殖民地问题提纲初稿》，有意加强同东方国家的联系，援助他们的资产阶级民主民族运动并与之结盟。这一工作很快就有了实质性的进展，共产国际在中国选择了陈独秀等一批初步接受马克思主义的先进分子，于1921年7月帮助成立了中国共产党。

与此同时，俄共和共产国际又属意中国国民党。1920年10月，苏俄外交人民委员契切林写信给孙中山，要求与中国争取解放的力量建立联系，进而开展合作。孙中山复信表示，希望和苏俄保持友好接触。不过在当时，他并无意建立密切联系以及求助苏俄。

此后，俄共代表不断拜访孙中山，其中有两次重要会谈，拜会者分别是马林和达林。马林在广西拜会了孙中山并有三次长谈，归纳起来有这么几点：其一，孙中山最关心的是俄国军队的组织和军队在十月革命中的作用。这缘于孙中山在领导多次革命中，手中没有军队，总是受制于人，其失败往往归结于此，这样的教训太深刻了。其二，马林介绍了苏俄新经济政策的内容，这也是孙中山较关心的，发展经济，致力于实业，以图强国，始终萦绕在心中，时刻影响着他。其三，孙中山始终都强调三民主义，并郑重表明："革命之主义，各国不同，甲能行者，乙或忤格不通，故共产之在苏俄行之，而在中国断乎不能。""人各有志"，孙中山显然不愿为外来影响所左右。其四，马林试图要孙中山接受共产国际和苏俄的观点，要独立自主，不要过分依赖于列强，想通过他们来改变现状是不现实的。孙中山则坚持自己寻求列强支持和帮助的观点。最后一点，孙中山委婉地表示，联俄是日后的事，断然拒绝了马林关于与苏联结盟的建议。受西方影响很深的孙中山，至少在当时，更

■ 马林

倾向于欧美国家，他一方面视苏俄为"平等待我"之国家，但同时亦小心谨慎，保持几分距离。

1922年7月，马林向共产国际执行委员会报告了他的中国之行，字里行间隐约可见，他对初建的中国共产党并不乐观，而对孙中山领导的中国国民党则抱有希望。在他脑海里，已形成了一个共产党员加入国民党的念头。他曾向中共提出这个建议，遭到陈独秀的拒绝。但他的意见得到共产国际及俄共的支持，7月18日，共产国际执委会决定，要在中国实行马林关于支持孙中山和促成国共合作的意见。

8月17日，马林召集西湖会议，讨论中国共产党与国民党的关系问

■ 8月14日，孙中山抵上海，他在此寓所会见共产国际代表马林，表示愿与苏俄合作

题。25日，他在上海拜见孙中山，告知共产国际已经要求中国共产党人加入国民党，为国民党的主义和目标而奋斗。

继马林之后，达林又到广州拜见孙中山，他当时是青年共产国际远东书记处书记，来中国协助中国社会主义青年团工作。孙中山首先对苏俄能否帮助他实施《建国方略》中提出的铁路建设计划做出试探，达林不置可否。他又谈及军事援助问题，达林还是三缄其口。马林和达林与孙中山见面间隔的时间并不长，前一次孙中山意在摸底，故出言谨慎，并未开口寻求帮助，这一次他则是主动提出，希望能尽快得到苏俄的"军援"和"经援"。达林同马林一样，介绍苏俄政权和无产阶级专政建立的经过，目的就是想让孙中山按照苏俄模式建立苏维埃。孙中山一如前述，依然坚持自己的三民主义。

共产国际和苏俄在与孙中山联系的同时，还主张支持一南一北两个人，前者是国民党内的陈炯明，他的亲俄态度较之孙中山更趋明朗。但他们失望了，陈炯明最终为革命阵营所唾弃。后者是北洋直系头目吴佩孚，他的反日爱国记录，以及促使恢复合法政府之举，使之被誉为"爱国将领"和"民主领袖"。越飞来华后曾力促孙中山与吴佩孚商讨合作问题，他曾写信给孙中山说："根据我对中国形势所作的分析，我还觉得，您同吴佩孚联合并一起建立中国中央政府，对中国来说，这是最好的联合。"从利益的考量出发，一方面是为了尽可能避免内战，不致引起列强干涉，另一方面也是希望在中国建立一个亲苏俄政府。

在直、皖、奉三大派系军阀中，孙中山视直系为头号死敌，一直试图与皖、奉联手抗直，遂于1923年初公开与奉、皖结盟，在军事上形成一个松散的"三角同盟"。所以，孙中山并不热衷与吴佩孚联合，但着眼当下，他还是接受了共产国际的建议，与吴佩孚协商合作，但遭

■ 吴佩孚

■ 越飞

遇很大困难。随着吴佩孚血腥镇压京汉路工人大罢工，孙吴合作就此终结。

陈炯明叛乱后，孙中山从广州脱险来到上海，这对他的打击不小。非常时刻，他冷静地思考了中国革命屡受挫折的原因后，联俄的意愿骤然强烈。他需要有同盟者，需要得到他们强有力的支持。

知彼知己，他又看到了共产党人的变化，1922年9月《向导周刊》在上海创刊，随之而来的一个强大的宣传苏俄和共产国际的运动，受到了青年人的热衷和追捧。孙中山长期鼓动革命，多为单枪匹马，是"一个人在战斗"。如今这样的宣传方式，令他耳目一新，感受到一种巨大的力量。中国共产党决定以党员身份参加国民党后，提出的口号是组织一个"布满全国而有纪律的国民党"。这令孙中山信心倍增，思想上更加明确，增加新鲜血液，吸收中国共产党员和社会主义青年团员参加国民党，是非常必要和及时的。

"联共"，共产党人以个人身份加入国民党，就这样落到了实处。但仅此还不够，国民党已涣散无力，自身又缺乏"造血功能"，而孙中山希望借助外力来对国民党加以改造。随后，这项工作便紧锣密鼓地展开。召集国民党骨干谈话会，组成改进党务起草委员会，着手修改党纲和总章，起草《中国国民党宣言》并于1923年元旦以中国国民党上海本部的名义发表。23日，孙中山正式任命了各部部长及参议20人，中国国民党中央领导机构遂正式成立。

孙中山到达上海后，加快了与苏俄结盟的步伐。1922年夏，苏俄委派以越飞为团长的外交代表团到中国，主要目的是与北京政府外交部进行谈判，同时与南方的孙中山进行接洽。

1923年1月17日，越飞抵沪，和孙中山进行谈判，于26日签署了《联合宣言》。其中比较关键的，是关于在中国进行共产主义宣传问题以及苏俄的帮助问题。

孙中山讲述了自己的军事计划：一是消灭陈炯明，一是在北方与张作霖结盟，以此打击控制北京政府的直系。但有两个问题，一是经费不足，希望苏俄能伸出援助之手，提供200万墨西哥银元；二是唯恐张作霖占领北京后据为己有，建议苏俄采取佯攻中国东北之势，让张作霖难以兼顾，必然班师回巢。对于经援，越飞未予明确表态；对于出兵，越飞考虑得则更周详，认为此举有可能会引发日俄之间的冲突。他还有一个军事计划就是在西北建立军队。这里距苏俄近，联系便捷，又远离欧美国家的干扰。部队由中方组建，但需俄国派遣军事专家。

是时，南北对峙，北方似乎更强势一些。对此，孙中山不无担心，他建议越飞放弃同北京政府的谈判或与之签订条约的想法，并把活动中心移到符拉迪沃斯托克（海参崴），以便加强联系。

孙中山改组国民党，除了主观愿望，还有客观情势。最初，越飞在中国寻求合作对象的意图很明显，孙中山并非主角，他更希望通过助吴、联孙、制张，企图左右北京政府，进而使中国成为一个亲俄、反帝的国家。但孙中山亦有自己的打算，联俄、结张、制吴，建立自己的军队，以便南北夹攻，入主北京，统一中国。双方在策略上显然相异，但总的目标似乎并无二致。

为了能取得苏俄的支持，唱一曲"借东风"，孙中山有必要对国民党适时做出一些调整。其后，苏俄突然转变政治风向，变"助吴联孙"为"弃吴联孙"。大政方针既定，越飞与孙中山的合作谈判也就顺理成章，《孙越宣言》就此确立了国民党的联俄政策。

随后，越飞因病赴日本疗养，孙中山派廖仲恺一同前往，这期间，双方有一定的接触，中心议题仍是军事问题。越飞指出："以往的中国革命，过于借重军阀之力，因而常导致失败。国民党必须组织培养自己的军队。"双方达成一项协议：苏俄将援助国民党设立军官学校。于是就有了后来的黄埔军校。

孙中山的联俄思想，仅仅一年时间，就有了实质性的发展。不过，这与同苏俄结盟的大目标，还是有较大距离。从文化及政治传统上，孙中山更接近于英美而不是与苏俄有"更多的共同之处"，只是西方国家的意识形态和价值取向决定其所扮演的角色，根本无视作为革命者的孙中山。在经历了长期"艰难顿挫"后，他转而倾向与后者合作。换言之，联俄之举，离不开外部的影响。孙中山一直在努力寻求国际支持，期望日本政府能助中国革新，希望欧美国家能主持公道，然而一切努力都如石沉大海。总是被"拒之门外"的尴尬境遇，使孙中山必然设身处地另加谋划，不能在"一棵树上吊死"。

　　当然，孙中山也日益认识到把中国民族民主革命与国际无产阶级的斗争联系起来的必要性，从而将"联俄"提到基本国策的高度。处在这历史进程的重要转折时刻，孙中山和他领导的中国国民党必须对先前的活动加以扬弃更张，才能开拓新的局面。

　　很快，孙中山就组成"孙逸仙博士代表团"，由蒋介石任团长，赴苏联访问，商谈援助问题。从8月16日始，至11月29日终，代表团在苏联考察、访问、会谈，为时达3个月。有些目的达到了，有些问题被拒，有些内容存疑。总的说来，加深和强化了双边合作的决心。共产国际执行委员会做出《关于中国民族解放运动和国民党问题的决议》，委托蒋介石转交给国民党领导。

　　1923年，苏联政府派鲍罗廷常驻广州，鲍于10月6日抵达羊城。他按照共产国际《决议》，积极推动孙中山加快改组国民党的步伐。孙中山任命鲍罗廷为国民党组织教练员，筹划改组工作，并在

■ 鲍罗廷

中国国民党第一次全国代表大会特别出入证

不同场合，就改组国民党的意义、目的进行动员。

10月25日，改组特别会议在广州召开，主要内容有：重新研究和审议党的纲领，使之易为群众所理解，制定党的章程，在广州、上海以及其他地方建立国民党的核心；召开代表大会确定党纲党章，选举党的领导机关。会议通过并成立了临时中央执行委员会，还议决发表改组宣言和党纲草案，筹备"一大"。

11月25日，国民党临时中央执行委员会发表了《中国国民党改组宣言》，指出国家现存的四大危机和中国国民党改组旨要：使其成为"有主义、有组织、有训练之政治团体"。与此同时，公布了《中国国民党党纲草案》。

从临时中央执委会成立到1924年1月20日国民党"一大"召开的近3个月里，孙中山主持召开了21次临时中央执委会议，在苏联顾问鲍罗廷

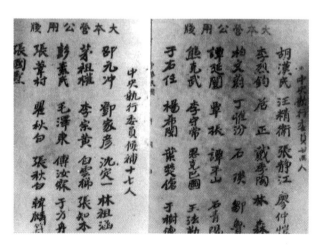

1924年1月，国民党一大选出中央领导机构，图为孙中山亲自拟定的名单，其中中央执委候补17人包括共产党员林祖涵、毛泽东、瞿秋白、张国焘等人

和中国共产党的帮助下，国民党
的改组工作逐步在全国开展。但
工作并非一帆风顺，一些资深党
员对此持怀疑甚至反对意见，主
要是针对共产党人、鲍罗廷以及
苏俄。但孙中山力排众议，维护
大局。

1924年1月20日，中国国民
党第一次全国代表大会在广州举
行。在出席会议的198名代表中，
有共产党人李大钊等25人。孙中
山主持开幕式并致词，他向大会

■ 李大钊

提出了两大任务："第一件是改组国民党，要把国民党组织成一个有力
量有具体的政党；第二件就是用政党的力量去改造国家。"当天下午，
孙中山又作了《中国之现状及国民党改组问题》的演讲，他首先强调俄
国革命的成功经验，说明改组的重要性。大会于30日闭幕，通过了13项
议案。

诚如孙中山所言，"一大"在中国国民党历史上，具有重要的地位
和意义。它取得了两大成果：一是通过"一大"《宣言》，对三民主义
做了适时的解释；二是通过国民党新总章，选举中央领导机构。

在这次大会上，还确立了我们所熟知的"联俄、联共、扶助农工"
的三大政策。其实，会议并未就此做出一个完整、连贯的表述，是共产
党人的点睛之笔，将其概括合成为"八个字"。不过，在具体执行中，
"三大政策"还是得到了体现，如在这次选举中，共有10名共产党员

■ 1924年1月20日，中国国民党第一次全国代表大会在广东高等师范学校礼堂开幕。图为孙中山主持开幕典礼

■ 中国国民党第一次代表大会，首次确定国共合作政策

"入阁"，被选为中央执行委员的有谭平山、李大钊、于树德，候补中央执行委员的有沈定一、韩麟符、毛泽东、张国焘、于方舟、瞿秋白，他们得以进入国民党高层。而"一大"之后，全国一度陷入低潮的工农运动，逐步恢复和发展，在实施"扶助农工"方面作用显现。

国民党"一大"的成功召开，对组织而言，中国国民党重又焕发了青春和活力，向着一个主义鲜明、组织严密和基础深厚的党迈进；而对个人来说，孙中山为之奋斗多年的理想，将开启新的篇章。

对于这样的结果，孙中山是喜悦的，而鲍罗廷的内心则很复杂，不喜反忧。他感到有一种潜在的危机，直言"首先我们应该争取把国民党造就成为一个真正革命的政党，成为国民运动的代表。必须警惕右派，必须同他们进行斗争"。然而，面对这样复杂的形势，孙中山没有充分估计和觉察到。他去世后不久，国民党就逐渐向右转，抛弃为之追求的民主，最终也走上了一党专制的老路。

孙中山领导过多次革命运动，均以失败告终，究其原因，就是总依赖于各路军阀，结果吃尽了苦头。看人脸色行事的痛苦，让孙中山铭刻在心，痛定思痛，不能再"赤手空拳"地继续战斗。他希望有朝一日能拥有一支忠于自己、忠于革命的可靠军队。

孙中山意识到，革命若要成功，必须创建一支革命军队，办一所军官学校。说干就干，他在改组国民党的同时，决定建立一支"和革命党的奋斗相同的"革命军队。这是孙中山革命事业中的重大决策，亦是他历经数次挫折和失败后做出的抉择。

1923年10月15日，国民党党务讨论通过了一项"设陆军讲武堂于广州"的提案，后经国民党中央执行委员会审议决定，改名为"国民军军官学校"。次年1月24日，孙中山正式下令筹办"中国国民党陆军军

■ 时任黄埔军校校长的蒋介石　　　■ 蒋介石

官学校",确定以原黄埔旧水师学堂和陆军小学旧址为校址,故又名"黄埔军校"。任命蒋介石为校长,这给了原本资历、地位并不高的蒋一个极好的机会。蒋介石借势而起,成就未来,最终一统天下。这是后话。

　　5月上旬,第一期来自全国各地的499名学员全部入校。生源文化程度参差不齐,有大学生,亦有小学就辍学的;成分更是复杂,可以说是鱼龙混杂;目的也不尽相同,有真心从军,为革命而献身者,亦有投机革命,想升官发财者。

　　6月16日,这是一个特别的日子,黄埔军校举行开学典礼。两年前的这一天,陈炯明叛变革命;两年后,孙中山选择这一天作为军校的开学典礼日,就是要大家牢记这个沉痛的教训,为建立一支革命的军队而无私奉献、努力奋斗。孙中山到会发表演说,指出创办军官学校"独一

■ 孙中山和政治顾问鲍罗廷（前右）视察军校

■ 黄埔军校开办纪念章

■ 黄埔军校

无二的希望，就是创造革命军，来挽救中国的危亡！"他号召全体师生："要从今天起，立一个志愿，一生一世，都不存升官发财的心理，只知道救国救民的事业"，要"学先烈的行为，像他们一样舍身成仁，牺牲一切，专心去救国"。他训示师生"兹尔多士，为民前锋，一心一德，贯彻始终"，期望军校能提供技能和思想都过硬的军官，构成党指挥下的军队核心。他还亲自将这样一副对联贴在军校大门上：升官发财请往他处，贪生畏死勿入斯门。

在孙中山办校思想的指导下，军校学生经过学习和训练，具备了良好的政治、军事素质。10月，军校师生参加了平定广东商团之乱的战斗，1925年参加了两次东征和南征，先后击溃了陈炯明等反动军阀，统一广东，巩固了革命根据地。1926年又参加北伐战争，连战皆捷，战果

■6月16日，孙中山主持黄埔军校开学典礼，并发表演说

辉煌。

孙中山非常关心军校的建设和发展。8月31日军校开学2个多月后，孙中山就到军校视察。以后每隔一段时间都要到军校"海关楼"小住，检查工作，听取汇报。要求师生严格掌握"政治与军事并重，理论与实际结合"的教学方针，特地制定"亲爱精诚"的校训，倡导"团结""牺牲""奋斗"三大精神。11月13日，孙中山为商讨国是北上之前，特来军校检阅学生的演习，赞许学生"忍苦耐劳，努力奋斗"，还叮嘱师生："不论是国民党员或是共产党员，为了革命事业，都应该把鲜血流在一起。"

黄埔军校吸收了俄共（布）的经验，采取了有别于旧式讲武堂的

■ 孙中山视察黄埔军校。图为他在检阅台上与同志合影

新制度、新内容、新方法，展现了新型军事学校的特点和风貌，被称之为"中国军队的摇篮"，国共两党许多高级将领都出自这里。他们曾经为了一个目标走到一起，又因不同的志向而分道扬镳，为各自的信仰而战。

国民党"一大"闭幕后，国民党右派不断挑起事端，破坏国共合作。冯自由、邓泽如、刘成禺等在广州集会，攻击共产党人。孙中山严厉申斥，并通告中央执行委员会。他于3月2日还向海内外党员发出训词，说明改组国民党的意义，强调国共合作的必要性，要求党员不要为"好造谣生事者"所蛊惑。

但国民党右派并未收敛，部分反对国共合作或反对"容共"的国民党人，借党内有中共"党团"之事而发难，要求和共产党"分立""分家"，一时掀起一股浊流。中央监察委员张继、谢持等提出弹劾共产党案，指责共产党员"完全不忠实于本党"，提出非"速求根本解决不可！"一周后，他们又专赴广州与鲍罗廷理论，顽固己见，又将此案提交给中央执行委员会第四十次会议。

鉴于国民党右派有恃无恐的情况，孙中山建议由国共两党成立国民党中央政治委员会，共商国是。7月11日，在大本营举行第一次会议，其后又连续召集4次全会，讨论联共问题。

孙中山对右派一再表示对反对"容共"极为反感，经他裁决，通过了《国民党内之共产派问题》及《中国国民党与世界革命运动之联络问题》两议案。其主要内容一是强调吸收共产党员加入国民党，实行国共合作，是反帝反封建斗争所必需；二是说明中国共产党是第三国际的支部，共产党员加入国民党，其性质不同于民国以来的政党间跨党合作，因此，必须允许共产党员跨党后继续存在；三是议决在中央执行委

①
②　③

■ ① 西山会议派人物之一张继
② 西山会议派主角谢持与夫人
③ 西山会议派主角之一邓泽如

员会政治委员会内设国际联络委员会，以消释党员和党内共产派的"纠纷"。孙中山从维护国共合作大局出发，对国民党右派加以遏止，暂时平息了这场纷争。

总体而言，孙中山与苏俄、中国共产党人的合作，是为了维护国民党作为一个大党的地位，以期担负起未来国家的重任。"以俄为师"，他只是汲取和吸纳所需内容，以助"强身健体"，依然固守自己的三民主义。由于涉及不同的信仰，让孙中山"洗心革面"，"改换门庭"，抛弃自己政治主张而融入另一种政党意识之中，显然不现实。

国民党"一大"前后，孙中山就考虑要制定一个政府的建国大纲，这样才能纲举目张，有的放矢，将工作向前推进。1924年1月，孙中山开始起草《建国大纲》（《国民政府建国大纲》），共25条，乃是在新的历史条件下所描述的发展愿景。4月12日公布后，孙中山又撰写了《制定建国大纲宣言》，对其目的及要旨做出了详细说明。

《建国大纲》的内容归纳起来分为五大部分：第一部分为"宣传革命之主义及内容"，强调把三民主义和五权宪法作为革命的两大目标；第二部分为"实行之方法与步骤"，明确规定将建设程序分为"军政""训政"和"宪政"三期；第三部分为"标明军政时期之宗旨"，即扫除反革命势力，宣传革命之主义；第四部分为"标明训政时期之宗旨"，指导人民从事革命建设；第五部分为"则由训政递嬗于宪政所必备之条件与程序"，在宪政开始时期，中央政府当完成设立"五院"，以试行"五权之治"。

从上可以看出，孙中山对治国已有一个全面的构想，他希望通过一系列制度革新，使民族走向新生，让国家有一个美好未来。可惜，天不假年，其事业未及完成，是"出师未捷身先死"。

七

扶病北上与壮志未酬

■ 齐燮元

国民党"一大"以后，孙中山北伐的信念与日俱增。1924年9月，为争夺上海，直系江苏督军齐燮元与皖系浙江督军卢永祥之间爆发了"江浙之战"。孙中山立即召开军事会议，决定挥师北伐予以声援，他亲赴韶关大本营督师。9月15日，张作霖率六路军入关，第二次直奉大战打响。

谁知风云突变，直系将领冯玉祥倒戈回师，发动北京政变，贿选总统曹锟被迫下野。为了从长计议，冯玉祥电邀孙中山共商国是，并将所部改称"中华民国国民军"；又请段祺

■ 卢永祥

■ 曹锟

■ 冯玉祥

瑞出山，通电拥段为国民军大元帅，希冀借助段的影响，遏制直系的挑战。

孙中山一面致电应允北上，一面主持大本营军政联席会议，讨论应付北方时局方策。11月10日，孙中山以中国国民党总理名义发表《北上宣言》，重申国民党反帝反军阀的立场，强调"三民主义"是解决国家问题的基础，并提出关于召集一个国民会议来解决时局的主张。孙中山于13日离粤，开始了他努力以和平方式解决内乱问题之旅。

然而，大局并未得到真正改观，在11月召开的天津会议上，北洋军阀已凸显公开抵制国民会议运动，并将孙中山排斥于中枢之外的态势。迫于段、张压力，"单兵作战"的冯玉祥陷入被动，显得孤立无援，只能顺从大势。天津会议，确定拥戴段祺瑞为临时执政，组织"过渡中央政府"，并由其于就职后召开善后会议，以解决时局问题。11月15日，张作霖、冯玉祥等联名通电全国。急转直下，局势又趋复杂。

孙中山并没有直接入京，而是先到上海，他在寓所举行的招待会上郑重声明："这回曹、吴的武力统一，被国民军推翻了。兄弟以为到了讲和平统一的机会。……这次单骑到北京，就是以极诚恳的意思，去同全国人民谋和平统一。"话语之间，充满了对和平统一的渴望。武夫干政乱政，在那个"枪杆子吃定笔杆子"的时代，孙中山对于以暴制暴，其实是力不从心，也非本意，他希望能够通过协商解决统一问题，以和平收功。

随后，孙中山绕道日本，因为他一直幻想联日以对抗西方列强。尽管前期的种种努力都化为乌有，但他还是心有不甘，而其后日本国内次第发生的两件事，又激起了他谋求中日合作的愿望。一是1923年9月犬养毅入主新一届日本内阁，他十分期待这位至友能影响日本政界，改弦更张，奉行"日中亲善"，提携合作；二是1924年夏日本国内掀起的反美"排日移民法"运动，他想乘此机会，再次向日本宣传"大亚洲主义"，以共同抵制欧美。可始终觊觎中国权益的日本，岂能与之共谋？

不唯如此，北京政变后，当奉系势力逐步控制京津，而段祺瑞又东山再起之际，日本官方有意扶持中国建立以"皖段"与"奉张"结合的亲日派政权。很显然，他们符合日本在华利益，是理想的搭档，而孙中山的联俄活动与倾力废除不平等条约，无疑使日本当局难以接受。日本"扶段排孙"的这一策略，就决定了孙中山访日将"空手而归"。果不其然，他的日本之行完全未达预期，一片"痴情"成了镜花水月。

孙中山于11月30日离开神户赴天津，12月4日抵达后即前往曹家花园拜访张作霖。但会谈令人失望，张作霖一方面劝诫孙中山放弃联俄主

■ 段祺瑞抵北京就任临时执政

张，由他从中斡旋与各国公使修好，另一方面则公然宣称，他反对共产，如实行，他将"不辞流血"，并要求孙中山对于废除不平等条约一事暂缓施行，他表示不能同意。鉴此，双方已无"共同语言"，期待中的合作成"明日黄花"。

由于旅途劳顿和一路风寒，孙中山感到身体极度不适，不得不遵医嘱在津门休养数日。曾经乍现的"和平统一"曙光，此时早已消散，受到排挤的冯玉祥也挂职而去，北方的环境更为险恶。孙中山清楚地看到与北方军阀协商"解决国是""和平统一"的前景十分黯淡，但他不忍放弃，仍想做最后的努力。12月31日，孙中山及随行乘专车抵达北京，他发表了《入京宣言》，谓"非争地位权利，乃为救国"。

此前于11月21日，段祺瑞通电宣布所谓"大政方针"，

■ 张作霖

195

言称先召集"善后会议",解决时局纠纷,筹划建设方案,然后再召集"国民代表会议",以"解决一切根本问题"。12月24日,公布了《善后会议条例》,次日,又令许世英负责拼凑善后会议。30日,段

■ 12月4日,孙中山抵达天津。图为到达张园行馆后,同各界欢迎代表合影

祺瑞又抢在孙中山入京之前发出通电，宣布善后会议将于次年2月1日开幕。

眼见善后会议日期临近，为了表明和平协商解决国是的诚意，争取利用合法斗争的机会，孙中山决定做出让步。他于1925年1月17日致电段祺瑞，表示"为国家前途计"，他本人不再"坚持预备会议名义"，但对召开善后会议提出两项前提条件：一为扩大参会代表面，能兼纳人民团体代表；二是涉及军制、财政诸问题，最后提交国民会议裁决。但段祺瑞对召集国民会议毫无诚意，予以拒绝。1月30日，国民党方面通电反对，抵制善后会议。

2月1日，段祺瑞包办的善后会议在北京如期举行，协商谈判至此成为泡影。10日，国民党中央发表《反对善后会议制定国民会议组织法宣言》，号召各"人民团体自行制定国民会议组织法"，以期实现"真正之国民会议"。由于段祺瑞从中作梗，有

意排斥，国民党与有望提前入主北京的机会失之交臂。

孙中山领导的国民党，成就巨大，挫折亦多，君不见，前有推翻清朝，后有袁氏称帝；前有剿灭洪宪，后有军阀作乱；前有倡导护法，后有曹锟贿选。这一次又如出一辙，让段执政"横刀夺爱"，好局如昙花一现，未能善终。

孙中山到北京后，经半月诊治，病情仍毫无起色，于1月26日入协和医院施行外科手术。术后移入铁狮子胡同行辕，辅以中药治疗。但很快病势加重，经检查确诊为肝癌晚期，回天乏术。

事已至此，新设立的国民党中央政治委员会委员多次开会研究孙中山遗嘱草稿。2月24日下午，宋子文、孔祥熙、孙科、汪精卫4人入病房。汪精卫走近病榻，表明来意。孙中山起初不肯多言，经大家恳请，汪精卫又以"早赐训诲，以便吾等遵守，以利党务进行为是"强调，才默许。随后，汪精卫展开事先由其抄录的遗嘱，逐字逐句读了一遍。孙中山听后，均表示赞成，但当时尚未签字。

2月底至3月初，孙中山的病情不断恶化，至11日，医生宣告已入危境。汪精卫立即召集家属及在京国民党中央政治委员会委员，一同来到孙中山病榻旁。当日，孙中山神志清醒，他分别在《国事遗嘱》《家事遗嘱》以及《致苏联遗书》上签字。前两份由他口授汪精卫笔录，后一份则以英文口授，由陈友仁等笔记。

《国事遗嘱》内容为：

> 余致力国民革命凡四十年，其目的在求中国之自由平等。积四十年之经验，深知欲达到此目的，必须唤起民众及联合世界上以平等待我之民族，共同奋斗。现在革命尚未成功，凡我同志，务须依照余所著《建国方略》《建国大纲》《三民主义》及《第一次全

■ 汪精卫

■ 孔祥熙

■ 宋子文

■ 孙科

■ 1924年12月31日，宋庆龄陪同病重的孙中山由天津抵达北京，这是他们夫妇最后的合影

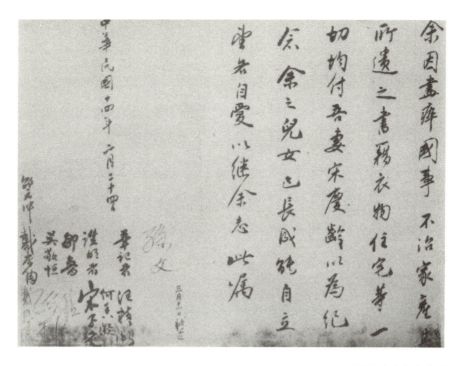

■ 孙中山家事遗嘱

国代表大会宣言》，继续努力，以求贯彻。最近主张开国民会议及废除不平等条约，尤须于最短期间促其实现。是所至嘱！

《家事遗嘱》写道：

余因尽瘁国事，不治家产，其所遗之书籍、衣物、住宅等，一切均付吾妻宋庆龄，以为纪念。余之儿女已长成，能自立，望各自爱，以继余志。此嘱。

孙文

《致苏联遗书》：

苏维埃社会主义共和国大联合中央执行委员会亲爱的同志：

我在此身患不治之症。我的心念，此时转向于你们，转向于我

201

党及我国的将来。你们是自由的共和国大联合之首领，此自由的共和国大联合，是不朽的列宁遗产与被压迫民族的世界之真遗产。帝国主义下的难民，将借此以保卫其自由，从以古代奴役战争偏私为基础之国际制度中谋解放。我遗下的是国民党，我希望国民党在完成其由帝国主义制度解放中国及其他被侵略国之历史的工作中，与你们合力共作。命运使我必须放下我未竟之业，移交于彼谨守国民党主义与教训而组织我真正同志之人。故我已嘱咐国民党进行民族革命运动之工作，俾中国可免帝国主义加诸中国的半殖民地状况之羁缚。为达到此项目的起见，我已命国民党长此继续与你们提携。我深信你们政府亦必继续前此予我国之援助。亲爱的同志！当此与你们诀别之际，我愿表示我热烈的希望，希望不久即将破晓，斯时苏联以良友及盟国而欢迎强盛独立之中国，两国在争为世界被压迫民族自由之大战中，携手并进以取得胜利。谨以兄弟之谊祝你们平安！

孙逸仙（签字）

3月12日上午，孙中山弥留之际，他环视家属和同志，作"短语慰勉"，口中还低声反复呼唤"和平！奋斗！救中国！"等语。9时30分，孙中山与世长辞，享年59岁。

当晚，中国国民党在京人员含哀开会讨论治丧事宜，决定立即组织治丧办事处，并通电全党党员，左臂佩黑纱7日，停止宴会及娱乐7日，以志哀悼。

孙中山扶病北上，希冀与当局合作，显现了他衷心希望以"和平"方式收"统一"之功这一以贯之的思想，"对话"总比"对抗"好。

■ 孙中山在北京逝世

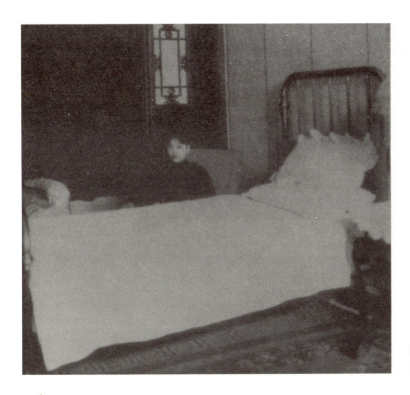

■ 宋庆龄在孙中山
的病榻前静坐

■ 孙中山逝世后，宋庆龄在默默地为丈夫守灵

■ 宋庆龄和孙科在孙中山灵堂前

同时能起到唤起国民觉悟之效，兼顾务实与理想。多年来，他一直以武力抗争，但那是被逼无奈。北洋政府多为军阀当政，崇尚武力，"秀才遇到兵，有理说不清"，于是乎"不打不成交"，便成了一种惯性思维。但这并非孙中山所愿，以平和手段促中国进步，是为终极目标，他临终呼唤"和平！奋斗！救中国！"道出了其所追求统一的心声，"和平"是放在第一位的。中国历史上的纷争，其结果是"兴，百姓苦；亡，百姓苦"。孙中山视民如伤，努力实现国泰民安，是他一生最大的愿望，亦是

■ 孙中山手书

这位毕生奋斗的革命家留下的宝贵遗产，值得后人倍加珍视。

　　孙中山走了，但我们能够感受到他的这份真挚情感，他是一位有着平民心的伟人，这是他最大的闪光点之一。

八

奉安大典与不尽思念

　　孙中山逝世当日，段祺瑞出席国务会议，"闻报立命散会，并停止办公，下半旗致哀，诸阁员亦诣灵床吊唁"，同时发布《临时执政段祺瑞恤令》，对孙中山对中华民族与国家的贡献予以高度评价，赞扬他为人做事，致力于国计民生，并表示将隆重哀悼。同时颁令赞曰："前临时大总统孙文，倡导共和，肇兴中夏。辛亥之役，成功不居，仍于国计民生，殚心擘画。宏谋毅力，薄海同钦。"其后，又以《国葬条例》第一条第一项"有大功劳于国家"之规定，决定为孙中山举行国葬。北京政府对孙中山逝世的反应如此迅捷，态度上如此之重视，足见孙中山的威望，令他的政敌也心存敬畏。

　　孙中山领导的中国民族民主革命，推翻君主专制、建立民国，他所

■ 1925年孙中山葬礼照片

建树的不朽功勋及人格，赢得了国人的高度尊重，享有崇高的声誉与威望。他的逝世，引起社会各界的广泛关注与深切哀悼。全国民间团体与群众纷纷致唁电，表达了对孙中山崇敬之情，高度赞誉他的革命精神和贡献，这是以往任何一个历史人物逝世所无法比拟的。

孙中山去世后，舆论界纷纷撰文评说，主要集中在两个方面凸显孙中山的伟人形象。一是孙中山于中华民国与国民党之功绩。一是赞扬孙中山的伟大人格，称之为是由"三种美德之调和"而成：一是有主义——不妄动，执着如初；二是有操守——不要钱，身无私财；三是有精神——不怕死，愈挫愈勇。特别是第二点，讲到孙中山三次驻粤，重赋繁征，取之于民，何可数计，职得贾怨，盖亦深矣；然所入悉供军

■ 1925年孙中山葬礼照片

■ 北京西山碧云寺为孙中山陵寝暂厝之处，西山会议派之名由此而出

粮，未尝以一钱一粟斥为私有，故大元帅之身后，竟致家无余财；视彼当代伟人军阀之竞以贪婪为能事，执政不满一二年即购产存资逾千百万者，其人格之相去，岂可以道里计耶？盛赞他"数十年来为主义而奋斗者，中山先生一人而已，中国政界中之人格不屈不变，始终如一者，中山先生一人而已"。

孙中山的品行素为人敬佩，曾任北洋政府总理的熊希龄对他有一番评价："孙先生力行革命，四十年毫无懈怠，故能使全国人士，一致钦佩，足见公道自在人心。"即便与他多有政争的对手梁启超也赞之"操守廉洁"。外国媒体亦称孙中山为伟大人物，认为他"忠诚淡泊"，为一"清贫之平民"，其行为动机亦出于"至忠至诚"。

在举国痛悼之时，于广州召开的中国国民党第一届中央执委会第69次会议于21日通过议案，为纪念孙中山，"改香山县为中山县"。从这一年的4月起，以"中山县"为发端，各类以"中山"命名的地名、道路、楼宇、场馆、学校、公园等，风行全国，并推及至海外一些地区。"中山舰""中山大学""中山公园""中山路""中山堂"等等，不一而足，孙中山成为拥有纪念性名称最多的伟人。除了有形的物件外，还有无形的纪念，包括"恭读总理遗教"、总理纪念周、植树节、诞辰和忌日以及重大活动的谒陵。孙中山对于中华民族而言，已成为一个重要的政治符号，一种精神崇拜的对象。他一心爱国和无私忘我的个人品质，令人景仰！

孙中山逝世后，全国各机关下半旗三日致哀，各国驻北京使节团亦下半旗相吊。3月19日，当孙中山灵柩从协和医院移至中央公园（今中山公园）社稷坛举行公祭仪式时，沿途护灵致哀的民众约计12万人。自24日起举行公祭，10天之内，北京各界前往吊唁致哀者达数十万人。4

■ 3月19日，孙中山灵柩移往中央公园（今中山公园）社稷坛。图为各界群众齐集哀悼之情形月2日，其灵榇移往北京西山（今香山）碧云寺内暂厝时，参加送殡者约30万之众。

治丧活动一结束，其时在北京的中央执行委员便开始筹备安葬事宜，于4月4日组成"孙中山先生葬事筹备委员会"。18日，葬事筹备处在上海成立，推定杨杏佛为主任干事，孙科为家属代表。

早在1912年，孙中山与胡汉民等人到紫金山狩猎。当时，他笑对左右说："待我他日辞世后，愿向国民乞此一抔土，以安置躯壳尔。"临终前，他又叮嘱："吾死之后，可葬于南京紫金山麓，因南京为临时政府成立之地，所以不可忘辛亥革命也。"

遵照孙中山生前遗愿，宋庆龄、孙科及葬事筹备委员亲到南京勘察，最后选定紫金山之中茅山南坡为陵墓地址，待建成后将孙中山遗体移此安葬。此后，有关工作便层层推进展开，包括征求陵墓图案和陵墓营建等。

为了慎重对待孙中山陵墓的设计，同年5月13日，葬事筹备委员会通过了《陵墓悬奖征求图案条例》，强调孙中山的陵墓"不特为民族史上之伟大永久纪念，即在中国之文化与美术上亦有其不朽之价值"，因而有必要"合海内外美术专家之心思才力以计划此空前之建筑"，必须凸显一种纪念性，即安葬和祭吊逝者、彰显逝者的历史地位、播扬逝者的不朽精神。另一方面，这种纪念性又是开放的，与中国传统陵墓相比，其纪念功能面向广泛的纪念者；而建筑风格融中西为一体，推陈出新。为此，公开登报向海内外征集。

这次征求陵墓图案共收到国内外应征图案40多种，葬事筹备委员会专门组织了评判委员会。除葬事筹备委员和孙中山家属代表为评判委员之外，还聘请了画家王一亭、德国建筑师朴士、南洋大学校长凌鸿勋和雕刻家李金发4位专家担任评判顾问。

为了确保获奖图案的高质量，采用密封卷的方式进行评选。《条例》规定所有应征图案一律不得写上自己的真实姓名，只能注明应征者的暗号，另以信封秘藏应征者的姓名、通讯地址和暗号，开奖时根据暗号核对真实姓名并公布，以确保择优入选。

9月25日下午，在上海四川路大洲公司三楼陈列室现场，对应征图案进行评选。首先由主任干事杨杏佛报告评判顾问的书面评判结果，接着孙科发表对各设计图案的看法，然后展开讨论。最终认为吕彦直设计的方案"完全根据中国古代建筑精神"，获得头奖，同时决定采用这一设计方案建造陵墓，并聘请他为陵墓建筑师。

当时，青年建筑师吕彦直年仅32岁，名不见经传，他在潜心研究了中国古代皇陵和欧洲帝王陵墓等建制后，根据《征求陵墓图案条例》的设计要求，并实地参照紫金山的地形特点，历经两月有余完成了平面图和建筑物的立面图、剖面图、透视图等九张设计图纸，以及一张祭堂的侧视油画。同时，他还撰写了约1000字的《陵墓建筑图案设计说明》，对布局、用料和色彩等方面都提出了初步的设想。

吕彦直设计的中山陵，从图纸上看"设计范界略呈一大钟形"。评判顾问凌鸿勋指出，这一图案"有木铎警世之想"。当时，国民党人正努力将"总理精神"贯注于陵墓建筑，因而极力推崇，称赞它"寓意深远"，"颇足表现总理伟大精诚之人格"。

征求陵墓图案时明确要求，祭堂应建在地势较高之处，并特别强调，祭堂前面应有一块可容5万人的空地，以保证陵墓空间疏朗开阔，使相关的纪念活动更加便利。吕彦直设计图案时参照了这一要求，陵墓起点与终点之间保持大约70米的相对高度，依山势构成一个开阔的斜面。陵墓各项建筑，即从南到北、由低到高次第排列在这一斜面内，随地势拉开了相对高度，并且贯穿在一条中轴线上。

　　建成后的陵墓结构简洁，轮廓清晰，功能完备。牌坊作指示，墓道为引导；围墙及与其相连的陵门圈定陵园空间；体现纪念功能的陵墓主建筑——碑亭、祭堂与墓室，则分别占据陵园高低两端，而以石阶连接起来。由此，整个中山陵显得开阔、舒朗而宏壮，仿佛一个安坐的巨人，正敞开胸怀欢迎谒陵者的到来。

■ 1925年4月20日，宋庆龄偕亲友在紫金山勘察建筑孙中山陵墓的选址。图中（左起）：第4人为何香凝，第6人为宋庆龄，第7人为倪珪贞，第8人为宋美龄，第9人为宋子安，第11人为宋子文

　　1927年春，国民革命军克复南京，葬事筹备委员会于4月27举行会议，加推蒋介石等7人为委员，聘夏光宇为葬事筹备处主任干事。葬事筹备处遂迁至南京。

　　随着陵墓工程的不断推进，筹备迎榇及奉安的时机日渐成熟，葬事筹备委员会于1928年10月20日召开会议，决定筹备奉安及迎榇南下办法大纲29项，呈由国民政府照办。

　　同年11月9日国民政府训令，特派林森、郑洪年、吴铁城驰赴北

■ 中山陵

■ 3月17日，孙中山遗体经协和医院防腐处理后入殓。图为孙中山遗容

■ 中山陵祭堂

平，敬谨迎榇南来。他们一行于12月23日抵达北平后，成立迎榇专员办事处，随后工作次第展开。

1929年1月14日，国民政府明令公布总理奉安委员会章程，以国民政府委员、各部部长、文官长、参军长、葬事筹备委员会常务委员及南京特别市市长为奉安委员。在18日召开的会议上，推蒋介石为主席委员，孔祥熙为总干事。

孙中山奉安之事，真是一波三折。中山陵于1926年1月15日破土动工，兴建之初，原定一年完工，于次年3月12日孙中山逝世两周年之际举行安葬典礼。由于时局动荡，计划未能如期。1928年3月2日，葬事筹备委员会开会决定，于是年11月12日孙中山诞辰62周年时奉安。数月后，国民革命军先后克复平、津，取得北伐胜利。8月7日，国民党召开二届五中全会，又定于1929年1月1日为孙中山安葬日。然而，中山陵工程尚未告竣，葬事筹备委员会呈请国民党中央改为3月12日即孙中山逝世四周年之际举行安葬。

为奉安之需，南京修筑了一条起自江边中山码头而直达中山陵全长15公里的迎榇大道。1928年8月兴工后，当年冬季雨雪甚多，工程进展缓慢，直接影响到原定3月12日举行的奉安大典。为此，市长刘纪文呈请展期，奉安委员会再次将奉安日期推迟到6月1日。

为了扩大宣传，以使总理灵榇经过之各地民众深知迎榇的重大意义，特组织迎榇宣传列车由南京北上。5月10日，迎榇宣传列车从浦口出发，沿途每停靠一站都进行宣传，张贴标语，播放孙中山的演说留声片，分发各种宣传品。在蚌埠、徐州、济南、天津等一些大站，还专门召开盛大的迎榇纪念会，放映有关孙中山革命活动的影片，演出文艺节目，场面感人至深。迎榇宣传列车于21日到达北平，次日上午9时在中山公园社稷坛举行了北平迎榇宣传万人大会。随后，上海特别市党部联合江苏、浙江两省党部、南京特别市党部及沪宁沪杭两路特别党部宣传部举办总理奉安沪宁、沪杭两路宣传列车。5月25日晚由杭州出发，经上海，于31日抵达南京。经过地方大小十余处，参加集会之民众十余万人。

　　5月17日上午10时，孙科、郑洪年和协和医院医生史蒂芬赴西山碧云寺，率守灵卫士将孙中山遗体周身擦拭干净，用洁白的绷带周身包裹，移入最初所用的美式小木棺。22日大殓，郑洪年指挥护灵队队长马湘率领卫士7人将灵榇移入大殿殓堂，随后，宋庆龄、孙科和史蒂芬到

■ 移灵

■ 孙科抵北平迎灵

达，由史蒂芬带领助手郭荣勋等为遗体加裹白绸，并给孙中山理了发。继之，由孙科、郑洪年、马湘为孙中山穿上事先在北平瑞蚨祥绸庄定制的殓服，为白绫内衫、内裤、白丝袜、黑缎鞋，内衬白罗长衫，外加素蓝实地纱长袍，玄青素缎马褂，白丝手套。随后，孙科、林森、吴铁城、马湘等将遗体扶入铜棺中，棺内四周先铺白绸褥垫，再装白绸丝棉袋48叠，置上下两旁，头以下覆以锦被。恭殓完毕，在场人员静默示哀，绕视一周，随后由孙科等率卫士封棺，奉置祭堂。此后3天，为北京各界暨家属祭奠之期。

5月26日开始奉移，先由家属、亲属行祭奠礼，礼毕，于凌晨1时起灵。乐队奏哀乐，鸣礼炮101响，由郑洪年前导，令24名杠夫移灵，其余人员在灵榇两旁扶送，家属随后，护灵队队长马湘率卫士前后护卫。

最前面是骑兵，带队官骑黑马，执开道旗在前面开道。其后是两名骑兵，骑黑马，手执党旗、国旗跟进。然后是一队前导骑兵，均骑黑马，手执长矛。骑兵之后是军乐队，吹奏哀乐。再后面是600名臂缠黑纱手持素纱灯的香山慈幼院男女学生。接着是用20名杠夫肩行的蓝白绸结彩的遗像亭，中为高3尺的孙中山遗像，像前置宋庆龄献的花圈。再后是分左右两列并行的20名提炉夫。之后是荷枪拱卫的二连护灵步兵，中间是孙中山先生灵榇，后面是家属及送殡者，骑兵队殿后。

下午3时15分到达东车站，灵榇奉移上火车。5时整，灵车从北平徐徐启行，每到一站，当地党政军负责人及群众都恭迎敬送。一路可见百姓对孙中山的崇敬及哀悼，灵车安抵济南，"沿途两旁民众肃立已满"，此地经日兵蹂躏，伤痕宛然，人民感受痛苦，水深火热，今见总

■ 运载灵榇的专车

理灵车，"有攀辕泣数行下者"；达兖州，"民众露天鹄立，汗流满面而肃穆如故"；过临城，"四野农夫有辍耕垅畔，直立垂首而鞠躬者"；而明光只是一个小站，"惟各乡村团体及小学校男女学生、农工团体代表甚众……民众鹄立致敬，数里不断"，安抵滁州时，"恭候致祭者为数既众，而远近前来观礼者扶老携幼，途为之塞"。这一切足见"总理感人之深"。

28日凌晨3时40分，灵车驶入蚌埠车站。国民政府主席蒋介石与宋美龄、财政部长宋子文等专程从南京赶来恭迎。随后，由蒋介石专车先导，灵车启行。上午10时整抵达浦口车站，全体恭迎人员肃立，奏哀乐，狮子山炮台鸣礼炮101响致敬。

灵榇奉移至"威胜"号军舰，于11时30分渡江抵达中山码头。奉安总干事孔祥熙率杠夫将灵榇奉移上岸。下午1时，载着灵榇的特备汽车向城内驶去，3时15分到达湖南路中央党部，灵榇恭置于临时改作祭堂的礼堂中，迎榇结束。

自28日起由中央委员、各特任官每夕轮流守灵，三人为一班，每班四小时。5月28日下午第一班4时至8时为蒋介石、谭延闿、胡汉民。三天共有22班66人参加守灵。

灵坛设于礼堂堂北，上悬"精神不死"四字，横额中悬总理立像，旁悬党旗、国旗及挽联等。灵榇奉置灵坛中央，覆以党旗，其前缀以素彩坛，左右叠置花树盆景，四壁遍悬总理年谱及各机关敬送的花圈。

29日为公祭第一日。清晨7时为中央执行委员、监察委员及全体职员之公祭，主祭者胡汉民。礼成，由主祭者率与祭人员瞻仰孙中山遗体。7时40分为国民政府主席暨委员率全体职员之公祭，主祭者蒋介

■ 长江上迎接灵柩的轮渡

石。之后，从8时15分开始至下午5时30分，共有27批党政军各部近3000人参加公祭。

30日为公祭第二日。从7时40分开始，一批又一批的代表前来参加公祭。下午6时后，公祭者犹络绎不绝。

31日为公祭第三日，从上午9时始，先后为各国专使、外侨公祭。下午1时，为孙中山先生葬事筹备处委员林森、蒋介石等60余人公祭。1时20分，为总理奉安委员会委员蒋介石、谭延闿等及各组职员200余

■ 孙中山灵榇抵浦口后由宋庆龄、孙科（前左二）及妻陈淑英（左三）等亲属护送前往江边

■ 孙中山灵柩进入中央党部大门

人公祭。2时余为孙中山亲故陈少白、唐绍仪、张继、叶恭绰等70余人公祭。2时15分为孙中山日本旧友头山满、犬养毅、梅屋庄吉等30余人公祭。2时30分，为孙中山家属戚属夫人宋庆龄，孙科夫妇及子女，女孙婉及女婿戴恩赛，孔祥熙夫妇，蒋介石夫妇，宋子文夫妇等50余人致祭。

当晚6时，举行封棺典礼。蒋介石主礼，家属宋庆龄、孙科等，迎榇专员郑洪年，中央委员胡汉民、谭延闿等参加。鞠躬默哀后，众人依次由蒋介石带领恭诣灵前，瞻仰总理遗容，作最后之别。然后举行封棺典礼，蒋介石、孙科、孔祥熙率领孙中山生前卫士将铜棺安盖，又亲自涂殡。7时，奏哀乐，行三鞠躬礼，封棺典礼结束。

6月1日是奉安日。4时起灵，宋庆龄、孙科夫妇及子女、蒋介石夫妇、宋子文夫妇、宋蔼龄等与日本友人头山满、犬养毅、梅屋庄吉以及全体中央委员、国府委员、葬事筹备委员、迎榇专员等进入灵堂依次排列。典礼由胡汉民主祭，总干事孔祥熙执旗前导。

4时15分，狮子山炮台鸣礼炮101响，灵榇被抬上汽车。孙中山家属、亲故及中央委员、国府委员、奉安委员、迎榇专员、葬事筹备委员、各国专使等加入第七行列，宋庆龄等家属和女眷在特制黑色布幔内步行出中央党部，分乘马车随灵护送，其余男宾则分列左右执绋步送。4时25分，灵车启动，一名骑黑马的骑兵长官手执开道旗，前有铁甲车及骑兵连，全副武装的200余名军校学生分列两侧随行护卫。送殡各机关团体共分十行列，在事先指定的地点依次加入，队伍长达数里，一路高唱《奉安歌》。

通向中山陵的迎榇大道两旁搭起由中央、各省政府、军队及部分单位敬建的松柏牌楼、青白布牌楼、彩棚等数十座，沿途瞻仰送殡的民众达50万人，连绵十余里，盛况空前。他们静默志哀，场面庄严肃穆。空中则由航空署的5架飞机回翔致敬。当日，为了表示哀悼，许多报社停刊，商店停业，娱乐场所停演。

上午9时20分，灵车缓缓开到广场，由孔祥熙、吴铁城、郑洪年等率领杠夫将灵榇从灵车移上灵舆。9时45分起杠，乐队奏哀乐前导，宋庆龄率众亲属女眷在布幔内步行随护，执绋人员在两侧恭扶前行。10时8分，灵舆抵达祭堂平台，杠夫换用小杠将灵榇移入灵堂中央，宣赞员宣赞举行奉安典礼。由蒋介石主祭，全体肃立，奏哀乐，行三鞠躬礼，然后献花圈，读诔文。

礼毕后，孔祥熙率杠夫将灵榇移入墓室，孙中山亲属、中央代表蒋介石、故旧代表犬养毅、各国专使代表欧登科恭敬随入，率领杠夫将孙中山灵榇奉安于圹内。12时正，奉安完毕，参加大典的人员依次进入墓

■ 孙中山灵柩抬上中山陵

室瞻仰，然后回到祭堂，再行鞠躬礼，奏哀乐。最后，由孙夫人宋庆龄率领孙科夫妇、戴恩赛夫妇等将墓门关闭，举国哀悼、备极隆重的奉安大典告成。

奉安大典前后，出于对孙中山的敬意和仰慕之情，各国政府及海内外人士纷纷赠送许多珍贵的纪念品，另外还提供钱款，用于中山陵各种附属物的建造。

为了记述奉安盛况，宣传部门拍摄了《总理奉安大典》的纪录片。该片在全国巡回展映，以示深切怀念和永志记忆。一时观者如潮，接受了一次精神洗礼。另编辑出版了《总理奉安实录》（以下简称《实录》）一书，它是记录孙中山先生逝世后葬礼筹备及奉安大典最为系统和完整的资料，披露了许多鲜为人知的内容，具有重要的史料价值。

奉安大礼之后，奉安委员会以总理奉安为旷代之大典，所有葬事

■ 中山陵卧像

筹备、迎榇、奉安一切经过，亟应编集成篇，因于民国1929年7月16日第十八次委员会议决议组织总理奉安专刊编纂委员会，推蒋介石、胡汉民、戴季陶、孙科、叶楚伧、于右任、孔祥熙为委员，指定梁寒操为编辑主任，郑洪年等为编辑。同年9月9日，借立法院开第一次委员会议，设办事处于铁道部，议决设秘书一人，专任干事一人，干事若干人。

《实录》主旨在记述总理葬事筹备及奉安大典之经过事实，详细记载了移榇、奉安的全过程，从5月17日封棺到26日移榇，从28日抵达南京停灵于湖南路中央党部礼堂再到接下来的3天公祭，直至6月1日备极

■ 移灵

■ 梅屋为孙中山塑造的铜像在南京揭幕

■《总理奉安实录》

隆重的奉安大典。

《实录》为线装，有精装与平装两种。平装版分上下两册，版式为35.4厘米×23.8厘米，厚4厘米，封面、封底为深蓝色纸质。精装版印制精美，与平装尺寸相同，封面、封底皆为南京云锦织造工艺的蓝底织锦。封面为中山陵祭堂图案，后为金边镶饰的群山，用白边镶饰的朵朵淡蓝色祥云穿梭其间，上书"总理奉安实录"。封底为双金边方格，格内五彩小花，格角为五彩大团花。整个图案典雅明快，富有质感。

这套珍贵的史料编辑后于次年出版，为非卖品，由国民党中央宣传部赠发。共出平装本13680册，精装本543册，除赠送参加奉安大典的党、政、军要员、家属及各界代表每人一册外，还专门赠予总理陵园管理委员会100册精装本，以资纪念。

孙中山的日本挚友梅屋庄吉为了表达他的敬仰之情，先后铸就了4尊孙中山铜像，分送中国各地，以缅怀孙中山的丰功伟业。1929年3月，梅屋亲自护送第一尊孙中山铜像至南京。4尊铜像分别置放在南京中山陵、黄埔军校旧址、中山大学和澳门"国父纪念馆"。

奉安大典虽然在首都南京举行，但整个仪式自迎榇开始，从北至南，途经冀鲁皖苏4省，完成了一次千里跨越，最终是以国家名义举行的以及全国各地普遍参与的空前的国葬。虽然时光流逝，但记忆深刻，中山之精神永生，至此得以建构和永固。

作为近代中国公认的领袖和民国的缔造者，至奉安结束，孙中山定鼎神坛。但在特定历史情结与政治文化中的崇拜，必然有其自身的特点。除了禀赋、能力、资历和业绩外，人格的魅力亦不可或缺。这个时代产生英雄，也需要英雄崇拜，精神的感召力，将激励人们不断进取，创造未来。

厚德载物，自强不息。历史人物之所以被传诵，首推立德，次为立功，再是立言，正所谓"德配天地"。无论人生价值的实现，抑或理想人格的塑造，首要的就是道德养成。从孙中山身上，我们看到了"达则兼济天下"的胸襟，看到了"苟利国家生死以，岂因祸福避趋之"的凛然，看到了"民是官的天"的赤忱，看到了"心底无私天地宽"的清朗，这些，都足以传之不朽！

■ 孙中山手书"天下为公"

九

心底无私与廉洁操守

　　爱国是千百年来人们对自己祖国心存的一种深厚感情。对于孙中山而言，爱国，则是他全部事业的出发点和人生归宿，诚如他所言："文，爱国若命。"

　　近代中国，爱国主义同救亡图存、振兴中华的时代使命是为一体。面对国难，面对危亡，中华民族谱写了御辱图强的悲壮史诗。激励志士仁人前赴后继、奋斗牺牲的，正是坚定的爱国主义精神，正是"天下兴亡，匹夫有责"的民族意识之精髓。孙中山致力于国民革命40年，正是一个时代的缩影，爱国者的典范。从"振兴中华"的神圣使命感出发，孙中山为改造中国，以肺腑之声，高喊出"凡国家社会之事，即我分内事"，"凡有益于国家社会之事，即牺牲一己之利益，为之而不惜"的箴言。对个人而言，国家利益至高无上！

　　孙中山的人格思想是伟大的，但最能体现他高尚人格、最具感召力、最受人崇敬的，则是他的爱国精神。"拯斯民于水火"，"扶大厦之将倾"，他为祖国的富强、统一奋斗不息，直到生命终止。

　　孙中山有一个最大的特点，就是坚韧不拔，仿佛天生就是无所畏惧。他不怕艰难，勇于向前，"宁愿天下人负我，不愿我负天下人"，所有这些，铸就了他的高尚人格，至今依然魅力无限。

　　孙中山一直胸怀"修齐治平"的远大抱负，并努力践行。与许多历史人物不同的是，他打天下，不是为了继续当皇帝，而是为了建立一个平等和谐的社会，以济苍生，为全体大众谋福祉。孙中山认为中国不可以再有皇帝，要由老百姓当家做主，他只是一介公仆，无欲无求。这就非常了不得，两千年来，有几人这样想过，更有几人愿意这样做？孙中山心口如一，不但革除了清王朝的命，也革除了两千年政治体制和政治思想的命。这样的高度，他人难以企及，他是历史上少有的杰出人物。

孙中山特别强调，革命者当注意自身的道德砥砺和身心修养，"从自己方寸之地做起"，克服自私自利之心，以完成"心理上的革命"。他正是通过这样的历练，塑造了一种高尚的人格，以"吾人数十年必死之生命，立国家亿万年不死之根基"之豪迈入世，是一诺千金，显现出一个革命者的完美情操。

"天下为公"的大同思想，使孙中山树立了"替众人服务"的人生观。"黄花岗七十二烈士"舍身救国，视死如归，孙中山痛悼不已，更赞叹有加。在外患内忧深重之际，他特别鄙视那种置国事于不顾，只图个人升官发财、苟且偷安的堕落小人；热情赞扬和讴歌那些明知有"抄家灭种危险"，为国家独立、民族解放而不怕牺牲身家性命的革命党人。两相比较，高大与渺小，分毫毕现。

树立"替众人服务"的人生观念，就是人人当以"服务"为目的，不以"夺取"为目的。不唯如此，还要"替主义去牺牲"。替众人服务，需要有为主义牺牲的精神。孙中山谆谆告诫说，"不可贪图做官，并当牺牲一己之自由，以谋公众之自由"。他的一生正循此而去，即使在生命的最后一息，也心系国事："生死常事，本无足虑。但数十年为国奔走，所抱主义终未完全实现，希望诸同志努力奋斗。"一席话语，没有豪言，更不矫情，唯见一片赤忱衷心。

所谓思想产生信仰，孙中山的思想就是平民思想，终其一生的努力，都是为了实现民享。孙中山深明"民为贵，社稷次之，君为轻"的固有思想，"水可载舟，亦可覆舟"的人生哲理，他始终站在平民百姓的角度，唯其为大，称得上是一位真正心系于民的政治家。

有道之士，向以"利他"为人生圭臬，鄙薄"利己"者，珍惜生命，洁身自爱。古往今来，圣贤、豪杰、英烈之士，都具有这种精神品质。但他们很难突破封建纲常名教的藩篱,虽志行高远,却为"忠孝节义"束缚。

作为一个民主革命家,孙中山首先完成了自我救赎,选择了一条正确的人生之路。其人生观,发端于中国固有的"利他"思想。早岁,他就非常注意自己的立身之道。其后,秉笔投书,显现了他"以天下为己任"的至诚。再后来,从改良转变为革命,成为他重塑人生观的关键。他要"亟拯斯民于水火,切扶大厦之将倾","泽沛万民",这就达到了一种升华,臻于更高的一种人生境界。

综观孙中山毕生的言论和实践,他的人生目的就是"致力革命,救国救民"。在他看来,立志,对于一个人的一生至关重要。但他所指的立志,最突出的"是要做大事,不可做大官"。孙中山始终对把升官作为人生的奋斗目标极端鄙视,他一再告诫不要"借革命来图一个人的私利,借革命这条路来做终南捷径,来升官发财"。他严于律己,其一生犹轻官职而重平民,这在当时"官贵民贱"的中国,难能可贵。

孙中山承继了"死有重于泰山,轻于鸿毛"的传统观点,认为比生命还贵重的,就是真理和荣誉。"为有牺牲多壮志,敢叫日月换新天",他正是以这样的豪情亲身践履。有了革命精神,还需要体现在具体的行动上。孙中山找到了人生观与新道德的契合点,国家和民众,就是他的服务对象,"抱持救国拯民为天职,至死不变"。而孙中山始终秉持积极奋进的态度,他的人生观充满进取,为革命事业努力不懈,奋斗终生。

孙中山同样视发财为人生之大戒,他深知,"以发财而论,而人人皆欲之"。但只要理想在身,便会以共同富裕为目的。为了"人人发财",革命党人宁愿牺牲自我。孙中山自革命人生观树立后,身体力行，一以贯之。筹措革命经费，是他在武昌起义前从事革命活动的一个重要部分，它和开展武装斗争紧密联系在一起，其重要性不言而喻。多年募集，经孙中山之手，钱款虽算不上巨，但也为数不小。革命经费来之不易，孙中山等革命党人在使用时非常节俭，"此各项之开支，皆有数目，皆有经受"。而他本人，"除住食旅费之外，几无一钱之花费"。不唯如此，为了革命事业，孙中山以及其兄孙眉多次捐款，几乎到了倾家荡产的地步。如他所说："从事革命十余年来所费资财，多我兄弟二人任之。"可见，他惜财而不爱财，身无长物，择善而从。

伟人人各殊异，孙中山的伟人品质是多彩的，在历史继承性和延续性上，有着特别的意义，成为我们据以惠泽中华儿女、高扬民族精神的不竭源泉。

孙中山内在的理想人格塑造，是其政治品质的重要组成部分。严格说来，政治家的政治业绩并不一定与其人格素养成正比，画等号。然而，能被人们长久崇敬的杰出历史人物，少有不具备伟大人格的。孙中山之所以成为中国民族资产阶级的政治领袖，很大程度上即是由于其人格的无形感召力，使得追随者甚众，他的政治魅力亦在于此，相映成辉！

中国近代史上，能像孙中山那样把从政理想与高尚人格统一起来，以"天下为公"为己任，无视"扬名立万"之虚名，清廉自律，不以权谋私的政治家并不多见。为了实现"求吾民真正之幸福"的崇高理想，孙中山亡命海外，不惜失"谋生之地位"，去"固有之资财"，是君子坦荡荡。在个人生活上，孙中山也是一贯以淡泊自持，"简单朴素"。

孙中山始终心存人生责任感和历史使命感，这令他如履薄冰，不敢有一日懈怠。"我不管革命失败又许多次，但总要希望中国的革命成功，所以便不能不总是奋斗"，平实中凸显了一种坚强信念，道出了他所肩负的时代紧迫感。

孙中山一生"戎马倥偬"，他的全部精力都放在了革命的组织、宣传和筹款上，四处奔波，席不暇暖。孙中山对革命工作奋斗不息，对自己则是"捧得一颗心来，不带半根草走"，诚如他所言："文十余年来，持平民主义，不欲于社会上独占特别阶级。"

"平民大总统"，是孙中山的魅力所在，是其真实写照。大到"一言九鼎"的总统职位，小到生活的点滴细节，窥一斑可见全豹，这些细节都体现和彰显了孙中山宽阔的胸襟与谦恭的人品。

1912年1月1日晚，总统就职典礼结束后，各代表辞归，孙中山亲送出至大堂。各代表请他留步，孙中山说："民国人民是国家的主人，总统是人民的公仆，各位是主人的代表，理当送至阶下。"乃于阶下一一握手道别。

孙中山从海外回到上海当选临时大总统后，于12月30日与上海《大陆报》记者有一席谈话，他说："南京新政府无庸建设华丽宫殿，昔日有在旷野树下组织新政府者。今吾中华民国如无合宜房宇组织新政府，则该设棚厂以代之，亦无不可也。"

南京临时政府成立后果然如其所言，是因陋就简，就地取材，就设在旧两江总督衙门内的一排平房里，再普通不过。孙中山还与秘书长胡汉民共住同一寝室。工作之余，他喜欢外出转转，借以体察民情。出门视事，亦常安步当车。他从不带警卫，有人担心他的安全，不宜一人出门。每逢人劝，他总是置之一笑："临时大总统是人民的公仆，又不是皇帝，出门讲什么排场呢？"

孙中山的办公室陈设非常简单，一张办公桌，两把木椅，一个小书橱和一套沙发，这就是全部家当。他的卧室只有一张中式棕床，一张办公桌，没有任何奢侈用品。刚刚成立的临时政府财政紧张，孙中山就规定：从总统到总长，直到一般职员，每人除供给食宿外，每月只发给军用券30元。

孙中山担任临时大总统不过三月，但他不仅做了大量工作，为民主共和制的建立做出了巨大贡献，还以自己无私的公仆形象为后人树立了光辉的榜样。他衣着俭朴，春秋两季总是一身灰色中山装，冬天也只是再加一件普通呢大衣。参加典礼集会，身穿一套黄呢军装。他年轻时酒量很大，后来在海外生活拮据就把酒戒了；当大总统以后有时要出席宴会，为了表示礼节，祝酒时也只是微微沾唇示意。伙食上，他很随便，不讲究吃喝，以蔬菜为主，自称"素食家"。不准厨师做饭超标准，来客吃饭才准许另加几个菜。他公务繁忙，有时顾不上吃饭，就在办公室吃些点心。有时忙到深夜，饿了就喝一杯牛奶。

孙中山每日要接见许多宾客，一日，一位耄耋之年的萧姓盐商从扬州专程到南京，想一睹大总统的风采。传达室的侍卫问老人有何贵干？他说没啥公事，只是想看看民主气象。侍卫说大总统很忙，没时间。他一再请求，总算如愿。面见时，孙中山含笑正准备和萧老握手，谁知他恭敬地行起三跪九叩之大礼，孙中山忙不迭地拉他起身，请他坐下，亲切地与之交谈，最后告诉他："总统在职一天，就是国民的公仆，是为全国人民服务的。"萧老问道："总统若是离职后呢？"孙中山说："总统离职以后，又回到人民的队伍里去，和百姓一样。"萧老告辞，孙中山送到办公室门口，并吩咐人叫辆车子送他回旅馆。萧老感动地说："今天我总算见到民主了。"

■ 孙道仁

袁世凯就任临时大总统后，授予孙中山"大勋位"，并指派叶恭绰捎证书赴沪面交。孙中山则致书恳辞，言称"此次革命之成功，则直全国人心理、南北将士和衷之所成就，文更无可褒异之处。若文徒图一己之殊荣，则历年共事之人，死者不计，生者今尚多流离失所者，文将何以对之？此文不敢受此勋位之故也"，以表明他对荣誉的一种态度，不贪功、不恋权。"一将功成万骨枯"，他不能愧对一起为革命共同战斗的志士仁人。

孙中山解除临时大总统职务后，应广东各界之邀南下，于4月20日到达福建。在船抵马尾时，只见欢迎的人群和大小船只上，都闪动着"欢迎大总统"和"孙大总统万岁"的纸旗和布条。他不喜反忧，言称：我已辞去临时大总统，为什么还要这样高抬我？就是共和国总统，退了位，就是一个平民。至于"万岁"两字，本是封建专制皇帝硬要他手下的官民称他的。我们为了反抗"万岁"，抛头颅，洒热血。我如果接受这个称呼，如何对得起许多先烈呢？他要求随行的福建都督孙道仁立即撤掉，否则绝不登岸。

与公如是，与私亦如此，同为"四大寇"之一的杨鹤龄曾两次给孙中山去函求职。按照他的地位，按照他俩的关系，这点小事何足挂齿。但孙中山的批复是"真革命志在国家，必不屑于升官发财"，一口回绝。

孙中山也不曾给自己亲属谋特权。他的兄长孙眉为支持革命事业而倾囊相助，革命成功后，广东各界纷纷函电孙中山，有意推举他出任广东都督。按理，孙眉对革命功勋卓著，其德望完全有资格担任此职，但孙中山以国事为重，坚决摒弃亲情观念。他在复电中称："家兄质直过人，而素不娴于政治，一登舞台，人易欺以其方。粤督任重，才浅肆应，决非所宜。"他还深情地说："知兄莫若弟，文爱吾粤，即以爱兄也。"

孙中山公而忘家，无心念及子女。儿子孙科出生的1891年，正是他开始寻求救国真理、探索中国出路之时。由于当时革命尚未展开，人们尚未觉醒，所以那是他最为艰难的一段时间。他的革命言论，往往被认为是大逆不道，人们根本不敢接近他。于是，在孙中山的脑海里，整天考虑的都是如何开展革命，怎样才能使民众接受。至于孩子的成长，他根本无暇过问，只能放在一边，他几乎把自己情感都献给了革命事业。因此，孙科的童年没有太多的父爱，在他记忆的词典里，父亲可望而不即，模糊而遥远。虽然俗话说有其父必有其子，但孙中山意志坚强，敢做敢为，而孙科不免就缺少几分阳刚之气，谨小慎微。孙科完全是在母爱的伴随下成长的，这对他后来柔弱性格的形成不无关系，就孙科而言，这实是一种人生的缺憾！

孙中山一生奔走革命，从不谋取私利，临终时留下的私产，除了衣物书籍外，只有一幢由三位加拿大华侨集资购买赠予他的住宅（原上海莫利爱路，今香山路7号孙中山故居）。诚如他在《家事遗嘱》中写道："余因尽瘁国事，不治家产。"寥寥数语，勾勒出他一秉至公的人生，既是对自身政治人格的一种道德评价，亦是留给后人一份值得珍视的遗产！

■ 孙中山故居

十三　各縣對於中央政府之負擔當以
每縣之歲收百分之幾為中央歲
費每年由國民代表定之共服
度不得少於百分之十不得加於百
分之五十

高　每縣地方自治政府成立之後
得選國民代表一以組織代表會
參預中央政事

十五　凡候選及任命人員無論中央
與地方皆須經試驗定資格者
乃可

十六　凡一省全數之縣皆達完全自
治省則為憲政開始時期國民
代表會得選舉省長以為本省
自治之監至於該省內之國家
行政則省長受中央之指揮

十七　在此時期中央與省之權限採
均權主義凡事務有全國一致之
性質者劃歸中央有因地制宜
之性質者劃歸地方不偏於
中央集權或地方分權

十八　縣為自治單位省立於中央
與縣之間以收聯絡之效

十九　在憲政開始時期中央政府
當完成設立五院次第丁以施

之治其序列如下曰行政院曰立
法院曰司法院曰考試院曰監察
院

二十　行政院暫設如左各部一兩政
部二外交部三軍政部四財政
部五農鑛部六工商部七教
有部八交通部

二十一　憲法未頒布以前各院長官
歸總統任免而督率之

二十二　憲法草案當本建國大綱
及訓政憲政兩時期之成績由
立法院議訂隨時宣傳於民衆
以備到時採擇施行

二十三　全國有過半數省分達至憲
政開始時期即全省之地方自治
完全成立時期則開國民大會決
定憲法而頒布之

二十四　憲法頒布之後中央統治權
則歸於國民大會行使即國民
大會對於中央政府官吏有選
舉權有罷免權對於中央法律
有創制權有複決權

二十五　憲法頒布之日即為憲政告
成之時而全國國民則依憲法施行
全國大選舉國民政府則於選

既於民還之後政府及為建國
之大功告成

右建國大綱二十五條為今
日革造民國必由之程軌
成並書為
科兄玩索
孫文
民國十三年一月十八日作於廣州

■ 孙中山为孙科手书之《建国大纲》

■ 孙中山与孙科合影

■ 孙科站在父亲的画像前

十

人生哲学与经世致用

　　孙中山有一个最大的特点，就是坚韧不拔。在屡败屡战中，他不断地加以认真思考，总结经验得失，探索中国革命的症结。

　　1918年6月，因护法受挫，孙中山离粤赴沪，他一面著书以谋改造国民的心理，一面整理党务，先后完成了《孙文学说》和《实业计划》两大著作。合之前著的《民权初步》，成为《建国方略》。其著书之目的，他曾告知同志曰："为灌输学说，表示吾党根本之主张于全国，使国民有普遍之觉悟，异日时机既熟，一致奋起，除旧布新，此即吾党主义之大成功也。"

　　《孙文学说——行易知难》从哲学的角度去认识民国以降，"人心涣散""不图进取""国事日非"的根源，认为国人存在着传统上"知

■《建国方略》书影

之非艰，行之惟艰"的心理障碍。

"知行学说"，贯穿于整个中国哲学史，对"知行关系"的最早论述，可以追溯到《尚书·说命》。殷王武丁和大宰相傅说这对君臣之间有一段对话，其中言之"非知之艰，行之惟艰"。对于殷商时代的这个古老命题，历来见仁见智，是"先知后行"，还是"先行后知"，抑或"知行合一"，说法不一。而对"知"与"行"的难易问题，也莫衷一是。

孙中山是一系列革命行动的亲历者和指导者，从自身出发，他最有体会，感悟良多，正是"知易行难"这一传统观念的影响和束缚，使人们"眼高手低"，不求深解，不思进取。为此，他提出了"知难行易"这个反命题，意在"拨乱反正"，以期鼓噪革命。其内容由序言加八章共九个部分组成，出自孙中山《民族主义》第五讲。

孙中山认为，传统的"知易行难"观，是导致革命失败的天敌。受此影响，怕苦畏难，失去信念，导致虎头蛇尾，半途而废，这是非常可怕的，值得警醒。凡事，"吾心信其可行，则移山填海之难，终有成功之日；吾心信其不可行，则反掌折枝之易，亦无收效之期也"。一言以蔽之，"世上无难事，只怕有心人"，解决了这一思想问题，便无事不可为，无往而不胜。他的有感而发，就是要大家努力去实现三民主义、"五权宪法"和《建国方略》的宏伟目标，而这就必须破除心理上的魔咒，祛除传统上的禁锢，知难而上，敢于迎接挑战。因此，他希望以"行易知难"的亲身说教，"以破此心理之大敌，而出国人之思想于迷津"。

孙中山指出，"行易知难"是认识、实践的普世规律，对于这部分，他着墨最多，用力甚勤。他以日常生活中的十类事为例，认为其

■ 青年孙中山

多是"无师自通","自解其意",但反躬自问,穷其究竟,又知之多少?以此论证做而易之,而了解它甚难,正所谓"只能行之,而不能知之"。

孙中山还强调,"行易知难"是"救国之道",把它上升到一个政治高度,言称"知必能行""不知亦能行"。并通过具体事例,证明他的"行易知难"学说的正确性,进而推及中国社会历史的发展进程,得出"夫中国近代之积弱不振,奄奄待毙者,实为'知之非艰,行之惟艰'一说误之也"的结论。他谆谆告诫革命党人,没有"能知必能行"的认识,总以为自己的"理想太高","期期不可为",最终导致"革命事业只能收破坏之功,而不能成建设之业,故其结果不过仅得以'中华民国'之名也"。为了改变这种现状,故应首先解决革命之后必须建设,解决"知"的问题,进而懂得"能知必能行"的道理,使国人万众一心,同谋共进。

孙中山由此得出,行动决定一切的道理。他以其切身经历,说明"行易知难"观的正确,号召国人重树新的人生观,以期完成革命未竟之大业。

其实，"知"并不难，问题的关键是把"知"见之于"行"，知之是为了行之，知而不行是最大的祸害，因而要强调知行一致，反对知行分离。追随孙中山革命者不乏其人，但真正能理解其信念并努力践行者却不多。孙中山立此说，就是要鼓动革命党人和广大国民继续跟进，最终实现他的一系列思想主张，把中国建成真正的民主共和国。基于历次革命失败的深刻教训，孙中山更感到有必要借此而谋求党员和国民提高认识和加强信念，祛除恐惧军阀及其外国列强的畏难情绪，同心同德，克难奋进，以期取得不世之功。

《孙文学说》朴素无华，是基于对革命实践概括的总结，强调实践的重要作用。它无高深的理论，亦没有晦涩之言，而是以最简洁和直白的话语说明道理，并举例说明，务求通俗易懂。

经年累月的不断汲取，孙中山的人生阅历甚丰，形成了深厚的思想。但他首先是一位革命家，他建构的"行易知难"学说，更多的是从实用主义角度去考虑，是典型的"革命哲学"，因此，它纯粹是针对性地有感而论，而非严格意义上的系统哲学论著。而孙中山所理解的"行"，也只是一般的个人行为和活动的内容，而不包括意识形态和科技发展的社会实践，这就存在着狭隘经验论的缺陷，不免以偏概全，故在其后的政治实践中并未取得预期的效果。

孙中山长期在国外奔走呼号，深感泱泱中华的落伍，又见证西方国家的强盛，故胸怀振兴中华的远大目标，其一是推翻清王朝统治，建立民主共和国，二是大力发展实业，建设繁荣、昌盛、富强的新中国。

民国肇始，第一步已基本完成，接下来就是发展实业，强大国力。在辞去临时大总统后，"无官一身轻"的孙中山可以"不问政事"，醉心于经济建设。惜乎，复杂多变的现实环境，一直没有给他这样的机会。

1918年一战结束后，世界从战时状态一下子转到了常态，无论是资金、机器还是产品，都出现大量过剩，需要有一个巨大的市场来消化吸纳，偌大一个中国应是首选之地。正是在这样的背景和指导思想下，孙中山著述了《实业计划》，问世后分送各国，期待能有热切的回应，以助中国实现发展实业之梦。该书的撰写，从1919年1月至1921年4月25日全部完成，洋洋洒洒10余万言，由三大部分组成：

第一部分序言及篇首的基本内容，首先阐述了国际共同发展中国实业的必要性、迫切性、可能性及大致计划。孙中山竭力强调并解释：中国幅员辽阔、人口众多、矿藏富饶、发展潜力和前景看好，如果实行国际共同发展中国的实业计划，就能共谋世界和平。为了说服西方各国，孙中山具体提出了10个方面的发展计划，包括交通通信、建立港埠、建设城市新式街市、水力、钢铁工业、矿业、农业、蒙古和新疆之水利灌溉、在中国北部中部建造森林、向东北等边远地区移民，并提出了实施的步骤。

第二部分是六大计划，前三项是构想建设北方大港、东方大港和南方大港。其规划宏博，论证详细，涉及面广。后三项则分别规划建立全国铁路系统、发展"工业本部"和发展采矿业。内容相对简略，并带有较多的个人主观色彩。

第三部分为"结论"，孙中山站在世界大同的高度，充满善意地提出了"人类互助"论，以此来表达此举"利在当代，功在千秋"的重要意义。认为它不但能解决微观的实际问题，还能化解宏观的矛盾和危机，促进人类和谐。孙中山当然希望整个世界都能与人为善，大家互助，放弃竞争。中国实业发展了、文明了、实现了"社会主义"，世界也文明了，而战争也随之消弭。

《实业计划》是孙中山一生中最重要的论著之一，无论在当时还是后世，都有很大影响。不少前人和时人为改变积贫积弱的国运，设计了各种救国方案，但《实业计划》无疑最完整而具体，既有大局观，又视野深邃，是孙中山精心构想用以匡时救世的力作。它提出了一系列理论原则和方略方法，包括振兴实业、全面发展社会生产力的思想；全面开放，充分利用西方科学、技术、资金、人才，加速中国实业发展的思想；发展实业，以港口、铁路先行，带动其他实业发展的思想。所有这些，都彰显了孙中山的经济思想，通过发展实业的条条途径，勾勒出一幅想象中现代化的宏伟蓝图，对此后中国经济近代化，具有一定的启迪和指导意义。

孙中山不是完人，他有时也不免过激，甚至冲动。"寄人篱下"和靠别人"施舍"的滋味，孙中山多有饱尝，但这样的人生阅历，似乎并没有让他大彻大悟，或者说他太善良和天真，总是以诚相待。然每每一厢情愿，到头来却是"空悲切"。他把希望寄托在国际共谋发展中国的实业，这岂不是梦呓语？不仅是理想主义，更有些想入非非。满怀信心，从不气馁，百折不挠，这是一种坚强的品质，然而对于西方资本主义国家，孙中山还是未能认清，面对这扇看似自由开启其实深不可测的大门，他似乎有点"慌不择路"，希望能出现"芝麻开门"的结局。殊不知，各国慷慨解囊，给予贷款支持，是有苛刻的条件，甚至有伤国家利益的。但不知孙中山何来如此自信，以为张开怀抱，各国就会大发慈悲，做出善举，其实不然。

遥想当年，他为筹款奔波辛劳，吃尽闭门羹，这样痛楚的滋味，他应该记忆犹新，甚至是刻骨铭心。由此而观，孙中山确实是一位理想主义者，心怀美好憧憬。纵然，这是一种高尚的人生境界，但在残酷的现实面前，结果只能是"一枕黄粱"。

孙中山虽不"喜功"，但也"好大"，这在《实业计划》中可窥端倪。建设三大港，10万英里铁路，20万英里砂石路，大江大河整治，工业全面启动，是百事俱兴，并认定在一二十年内即可实现。这显然与当时的国情不符，是"纸上谈兵"的空论。

而《实业计划》的出台，似乎也比较符合孙中山的想法。孙中山的革命理论和革命实践，除顺应不同的时代外，还镌刻着他的个性、经验的印记。前述所及，他的"知难行易"说，传达的似乎就是"只要想得到，就能做得到"这样一种理念，《实业计划》同为一理。殊不知，要把计划变为现实，其路漫漫而修远兮，甚至有时此路还不通。

《民权初步》原名《会议通则》，是孙中山有关集会议事等一些具体规则和程序设计的著作，完成于1917年夏。从严格意义上说，此书非原创之作，而是参照西方有关同类书籍，摘取数种汇编而成，是"洋为中用"。民国初创，长期受封建专制统治奴役的民众，甘为俯首的臣民，如今乍成公民，角色难以转换，一时无法适应。更不用说连起码的文明集会也不知如何举行，这样怎能行使自己的权利？为了迅即提高国民素质和认知，孙中山认为有必要编辑一本带有指导性的书籍，以供民众学习之用。

从今天看来，这些都属于公共关系学范畴中的基本常识，但对当时的国人而言，绝对是全新的概念和知识。孙中山深悟其道，故非常看重，1919年将此书更名为《民权初步》，作为《建国方略》之一部分——《社会建设》，与其他两部分——《心理建设》（孙文学说）、《物质建设》（实业计划）并重，一并发表，是有其深刻的寓意的。

　　实现民权主义，是孙中山一以贯之的理想，倘若连最基本的知识都不具备，谈何民权？民国虽立，一方面由于兵祸不断，政局动荡，民权成了一张无从兑现的空头支票，另一方面百姓剪了辫子，换了装束，但思想未能入世，非但不关心时政，连自己基本的民主意识也不具备。鉴此，孙中山认为有必要将一种简单易行、能训练"民权平等"的形式推广普及，从而培养民众的民主参政意识以及行为习惯。只有知晓"民权"为何物，如何行使，方能贯彻落实他的民族主义，如果民权主义理论没有合适的表达方式，便无法为广大民众所接受和运用。所以，《民权初步》就是一块敲门砖，它是将理论付诸实施的手段和操作规程，是对"民权主义"内容的具体落实。只有入门了，你才能够了解更多，认识更广，才可能有所为，行使自身的权力。

　　《民权初步》对民主参政的基本规范作了系统而详细的建构和阐述，有着便于记忆和操作的特点。综观全书，虽是一些烦琐、刻板的具体原则条款，但内容广博、面面俱到、细致入微，彰显了孙中山的良苦用心。

　　不同的文化背景，不同的历史语境，造就了不同的社会特征，不同的国民性也因此形成，正所谓"一方水养一方人"。封建专制制度下，封闭的民众基本固守其生活习惯，而形成传统，并代代沿袭，几乎一成不变。受西式教育的孙中山则不然，他直面世界，接收了大量的外部信息。通过两相比较，中外差距不小，使他深有感触。臣民与公民，一字之差，却在许多方面有着天壤之别。如今，民国初建，但民权未张，百姓奴性依旧，逆来顺受；制度改变了，但人的行为意识习惯还停留在过去，与这个时代不相符。民国之核心价值，未能体现出来，是有名无实。倘若"民权发达，则纯粹之民国可指日而待也"。鉴此，他编撰其书，以"教吾国人行民权第一步"。"千里之行，始于足下"，迈出这关键的第一步有着特别的意义，所以孙中山格外重视。不过，他一方面希望民众能很快成长起来，但另一方面又有些放心不下，不懂得如何去发挥他们的能量，使得革命在很长一段时间未能如期和如愿，未能对军阀统治形成摧枯拉朽之势。

实现三民主义一直是孙中山的梦想，推翻帝制、建立共和之后，他就努力想用三民主义改造中国，使之成为面貌为之一新的中国。经过长时间的思考、积累和借鉴，如果说此前还有些概念不清，认识高度不够，现在则成熟于胸，孙中山要把它的理论进一步提高，成为可以指导具体实践的指南。他于1919年撰写的《三民主义》概要，第一次对三民主义作了较前更深入系统的理论说明和界定。

从个人而言，孙中山的认识已跳出了狭隘民族主义的圈子；从时段来看，他并不以推翻清廷为完成民族主义的终极目标；从内涵阐发，民族精神实则就是民主主义的一种体现；从全局而观，种族融合是形成近代国家的一个标志。可以看出，孙中山的民族主义观，已有了一个质的

■ 孙中山著《三民主义》书影

飞跃。

对于民权主义，孙中山也有了更深的认识，提出了"民权发展，专制必亡"这一普世法则。这虽然不是他的原创，但他着力呼唤，起到了振聋发聩之功，激发世人努力去追寻。他再三主张直接民权，即有选举、复决、创制、罢官之权，如此，"乃能任用官吏，役使官吏，驾驭官吏，防范官吏，然后始得称为一国之主而无愧色也"。

对于出现的少数人专制独裁，他直言必然是短命的。只要民国存在，人们必然会觉悟：自由、平等的思想亦日益深入，"则民权之发达终不可抑遏"，当此之时，就是倒行逆施者自掘坟墓之日。

封建主义中央集权，是封建专制的特点。民国以降，人们开始考虑增加地方权限，分而治之。于是，地方自治成了这一时期的热门话题，君主立宪派为此做了大量的宣传。

美国是一个联邦制国家，各州的权力不小。孙中山的足迹遍及美国，受此影响，对地方自治尤为热衷。早在1916年7月，孙中山就介绍了美国地方自治，并提出中国实行地方自治的初步意向。嗣后，所著的《建国方略》中亦曾强调，"实行地方自治，促进民权发达"。

1920年3月，孙中山在《建设》杂志上发表了《地方自治实行法》，意在进一步说明实行直接民权的具体做法。他号召"民国人们当为自计，速从地方自治，以立民国万年有道之基……如是，由一县而推之各县，以至一省一国，而民国之基于是乎立"。

孙中山心怀憧憬，把一切事物都描绘得非常美好，仿佛只要你去做，就功到自然成。殊不知，世间之事要复杂许多，推广起来就更有难度了。尤其在当时的中国，松一松地方就无序，紧一紧中央就专权，如何取其适中，恰到好处？需反复实践而非一日之功。总之，孙中山积极、乐观的进取精神令人敬佩，在这一点上，为常人难以企及。

在国民党"一大"会议期间，孙中山从1月27日起在广州高等师范学校礼堂系统地演讲了三民主义。每周一次，每次3小时，至8月24日止，共演讲了16次。演讲的笔记稿经孙中山修订后，以"民族主义""民权主义""民生主义"为题，分编出版，后又以《三民主义》为名出版合订本。

民族主义是三民主义的基石，没有民族独立，何来"民权"和"民生"。民族这一问题，可以说是与民众息息相关，命运所系，并且最具鼓舞和团结所有民众之作用。

民族解放斗争，对于多数之民众，其目标皆不外乎反对帝国主义。孙中山在演讲中也作了详细的说明，特别提到帝国主义对中国的经济压迫。列强用"武力"和"外交"两种手段，威逼中国政府签订了一系列不平等条约，强占我国领土，划分租借地和势力范围，以至企图瓜分中国。这些都严重侵夺了我国国家主权，破坏民族独立。至于控制海关、外国银行在华发行纸币等，都是掠夺我国经济的重要手段，其危害相当之大。列强对中国经济主权的侵夺还表现在垄断中国内河、远洋航运之特权，完全主宰了中国经济命脉。

怎样对待帝国主义的侵略和压迫？孙中山除了强调反帝外，又系统阐述了恢复民族地位和民族精神的问题，而后者是前者的保证。没有独立之精神，恢复民族地位就是一句空话。

应该恢复哪些"民族精神"呢？孙中山认为首先是"固有的道德"，具体则为"忠孝、仁爱、信义、和平"八个字。但仅仅只有精神还不够，还需要恢复"固有的知识"。他强调中国古时有很好的政治哲学，特别是《大学》中所说的"格物、致知、诚意、正心、修身、齐家、治国、平天下"，把一个人由内而外不断发散，直至平天下而止，这些应该得到很好保存和阐扬。所以他强调："我们现在要能够齐家、治国，不受外国的压迫，根本上便要从修身起，把中国固有知识一贯的道理先恢复起来，然后我们的民族精神和民族地位才都可以恢复。"

孙中山还强调恢复中国固有的"能力"。中国曾经以四大发明等闻名于世，可是"因为后来

■ 孙中山

失了那种能力，所以我们民族的地位也逐渐退化。现在要恢复固有的地位，便先要把我们固有的能力一齐都恢复起来"。即便如此，孙中山依然保持清醒的头脑，在他看来，恢复了这些传统和国粹之后，中国并不等于就自然而然地步入"世界一等的地位"，"还要去学欧美之所长，然后才可以和欧美并驾齐驱"。毋庸置疑，中国与西方国家相比，有很大差距，必须正视。要迎头赶上，就要不断学习、创新和提升，仅有口号而不见行动，只有精神而无物质，何以能立足于世界民族之林？

在民权主义演讲中，孙中山提出了一系列适合客观要求的政治主张：一是中国要真正实行民权，必须彻底革命，消除做皇帝的想法；二是提出"权能分开"的思想及实施办法；三是坚持中国要统一，反对"联省自治"；四是坚持人民政治地位的平等和自由。

孙夫人宋庆龄曾言："孙中山是一个贫苦农民的儿子，正是他对旧

中国农村中悲惨生活的亲自体验，决定了他的生活方向。"所以，孙中山特别注重民生，用力甚勤。

实行民生主义就是可使中国避免"欧美社会之祸"，即少数人享乐，多数人贫苦的社会境况。而民生主义，欧美所虑积重难返者，中国独受病未深，而去之易。因此，孙中山充满信心，他说，一旦中国实现了民生主义，连西方国家看了也会望尘其后，"吾国治民生主义者，发达最先，睹其祸害于未萌，诚可举政治革命、社会革命，毕其功于一役。还视欧美，彼且瞠乎后也"。

在民生主义讲演中，孙中山再次肯定平均地权和节制资本为民生主义的两大原则。但同时他又强调，中国将来统一以后，一定要发展资本，振兴实业。方法有三：一是交通，二是矿产，三是工业。其中他提到要借助外资来强化发展，这与当今改革开放中的吸引外资不谋而合，足见他高瞻的眼光。孙中山对民生主义的阐述，迭出新意，在认识上较前更全面与深刻。如关于"富者愈富，贫者愈贫"的问题，再则提出中国革命要防止欧美社会种种流弊的办法，在想法上都进了一步。

在辞去临时大总统后，孙中山依然努力践行他所倡导的"三民主义"。他在南京同盟会员为其举行的饯别会上就明确表示："解职并不是不理事，而是要投身于民生事业中去。"在当时的孙中山看来，民族主义革命已经成功，民权主义姑且交给袁世凯去实现，而自己则想致力于民生主义事业。解决人民经济生活中的问题，这是孙中山"三民主义"中最具特色的部分，它反映出当时中国社会经济发展的现状。

在国民党召开"一大"前，孙中山认为组织国民政府是当务之急。而在这之后，他首先考虑要制定一个政府的建国大纲，这样才能纲举目张，有的放矢，将工作向前推进。自1月4日起，孙中山开始起草《建国大纲》，至10日完毕。随后，在党内同志中进行讨论，并注意听取和征求共产党员的意见，在此基础上提交"一大"讨论。《建国大纲》即《国民政府建国大纲》，共25条，乃孙中山在新的历史条件下所描述的发展愿景。1924年4月12日公布后，孙中山又撰写了《制定建国大纲宣言》，对其目的及要旨做出了详细说明。

按照孙中山对《建国大纲》的归纳，其内容分为五大部分。第一部分为"宣传革命之主义及内容"，强调把三民主义和"五权宪法"作为革命的两大目标；第二部分为"实行之方法与步骤"，明确规定将建设程序分为军政、训政和宪政三期；第三部分为"标明军政时期之宗旨"即扫除反革命势力，宣传革命之主义；第四部分为"标明训政时期之宗旨"，即指导人民从事革命建设；第五部分为"则由训政递嬗于宪政所必备之条件与程序"，即在宪政开始时期，中央政府当完成设立五院，以试行"五权之治"。从上可以看出，孙中山对治国是有一个全面的构想，他希望通过一系列制度革新，使民族走向新生，国家有一个美好未来。可惜，天不假年，其事业未能及身而成，却"出师未捷身先死"。

十一

修齐治平与思想光辉

中国是一个东方大国，又是有着千年封建帝制的古国，曾经拥有的文明与辉煌，极大地影响到周边国家乃至整个亚洲。在这样一个有着深厚传统的国度，要想改变它，绝非朝夕之功。但孙中山无所畏惧，他做到了推翻帝制、建立共和，对亚洲大陆的发展起到了巨大的推动作用。

孙中山并不是一个暴力主义者，最初他是希望通过合法手段来富国强兵的，1894年他上书李鸿章，就是吁请清政府主动采取革新措施。但当局宁愿在帝制的轨道上残喘，也不愿施行革新举措，以挽救濒临危亡的时局。无奈之下，孙中山走上了革命之路，以扫除中国社会发展的阻遏。从兴中会的成立，到发动武装起义，他经历了诸多艰险。西方社会的浸淫和本国传统文化的影响，使他颇有收获，在此基础上，他提出了三民主义和"五权宪法"，意在推翻专制王朝，描绘一个近代化建设的蓝图。这种融中西文化为一体的理论架构极富开创性，在当时是绝对超前的，其在反抗清王朝和建立民国所起的作用，无可替代。

孙中山基本上不是革命的具体发动者，而更多地是组织者、鼓动者，甚至是专事筹资的募集人，但始终是抗争的一面旗帜。他百折不挠的精神，坚定不移的信念，使其很快成为革命队伍中领袖般的人物。1905年中国同盟会成立，他众望所归地出任总理。中华民国临时政府成立时，他毫无争议地被选为临时大总统。民国肇始，终结了两千年封建帝制，它不仅是中国历史上划时代的大事，在亚洲历史上的影响力亦同样无可争辩。

接下来的革命征程，或许让孙中山颇感意外，因为前方并非一片坦途，"马上得天下"并不代表可以"马上治天下"。一个旧时代结束，但封建残余还在；一个新时代开启，但新生的民主政治尚弱。他不得已，暂时放下振兴实业的理想，继续着反袁反军阀，争取国家民主、统一的斗争。

诸多的经验教训，使他的思想逐渐转变。20年代初，他转而"以俄为师"，创建黄埔军校，建立革命武装，并以俄共为榜样，改组国民党，加强其战斗力。这一切主张和措施，为孙中山逝世后国民革命和北伐战争的胜利推进，奠定了厚实的基础，对尔后中国政局的变化，产生了深远的影响。

孙中山好学敏求，总是不断地进行摸索，总结得失，继往开来，他的一系列政治实践表明，他始终站在时代的前列，引领社会的发展。

孙中山在理论创建方面，亦有精妙独到之处。他的思想是丰富的，他的理念是新颖的，他的创建是多方面的。他尤其注重人文精神，强调人的尊严、独立，这充分体现在他的民权和民生方面。

在风云激荡的岁月里，有人平庸，有人沉沦，而孙中山则脱颖而出，成为时代的佼佼者。他通过自身的积极进取与开拓，成为一代伟人。

民本思想，一直贯穿孙中山思想的始终，并逐渐上升为人文精神，他为此不遗余力地奔走呼号。在尊重人的尊严和人生价值的同时，他强调对待国家和民族事务上必然阐扬爱国精神与革命精神。他尊重中国传统文化，认为有良好的道德，国家即能长治久安。他对国民党的"暮气"提出强烈批评，要求党员提高个人素养。革命，多半是要流血的，孙中山并不希望看到这样的结局，也力求以和平手段解决问题。即便被迫采取军事手段，他也不忘在和谈桌前折冲樽俎。以和平收革命之功，是孙中山的愿望，亦是他革命实践的基本出发点。只是因为通道被堵死，大门被关闭，没给他这样的机会，他才以武力抗争。

从上可以看出，孙中山力求以和平手段解决问题的思想，是值得珍视的一份政治遗产。他更愿意采取非暴力的方式，以求减少革命对社会的破坏而迅速实现富国强兵之目的。在某些关键时刻，选择暴力革命是必要的，但并不意味着就放弃和平的手段，倘若有一线机会，就要争取。

言为心声，观察孙中山一生之言论，其和平改革与缓进的观点始终存在。早在1905年他就指出"革命的事情，是万不得已才用，不可频频用之"。他还明白地告知："改造""维新"的意思，与"革命"并无二致，"维新成功就是革命成功"。只是在"外邦逼之""异种残之"的情况下，孙中山认定，清政府已无力担纲挽救中国被"瓜分""共管"的厄运，非推翻不足取，他这才转向暴力革命。

作为一个革命家，勤学而注重实用的孙中山总是孜孜以求，他涉猎的内容甚多甚广，希望从中能得到解决中国问题的方略。孙中山思想的形成源于多方面，他后来把自己思想的渊源归结为三个方面：传统、西方和实践。其中，从西方吸收先进的思想，无疑在他的文化取向中，占有主导地位。

传统方面，儒学的基本知识，特别是民本思想和"修齐治平"的理念，在他身上都留有深刻的印记。当然，囿于未受严格和系统的国学熏陶，亦没有名师指点，孙中山主要是自学成才，故缺乏精研通晓，这对他的思想高度不无影响。及至近代，龚自珍、魏源等，发扬清初顾炎武等人提倡的经世之学，针砭时政，揭露弊端，主张改革，这使他受益匪浅。其后，康有为先后上书朝廷，要求"变成法、通下情、慎左右"，在当时颇具影响，孙中山深以为然。康有为在广州讲学时，孙中山曾有意与康结交，视为"同道"，但康恃才傲物，自不待见。从"出道"的时间来看，康有为早于孙中山，他第一次上书光绪皇帝是在1888年，而孙中山《上李鸿章书》则是在7年之后，主旨都是要求刷新政治，振兴中国。其他包括"地尽其利"，以及前者的"大同"思想与后者的"天下为公"思想，都有相通之处。故孙中山走上变革之途，部分应是受到了康有为的启发。

会党，在反清复明中扮演了重要角色，是有政治主张、舍生赴义的秘密团体，对孙中山有不小的影响。为了便于开展工作，他曾与会党联手，在多次举义中，都有会党的身影。而同盟会的成立，其组织形式，包括盟书的宣誓方式多有仿效洪门之处，所采用的"天运"，洪门也同样使用。

1851年的太平天国起义，对孙中山或许有最直接的影响。由偏远的广西一路所向披靡，定都金陵，创立太平天国。同样出自两广地区的孙中山，应该熟知这段历史，洪秀全就是他的榜样，揭竿而起，并席卷半个中国。孙中山非常仰慕太平天国的英雄壮举，对其平均主义的思想也非常赞赏。但他不只是吸收太平天国的经验，亦总结其失败教训，更严厉批评其得势后的皇权主义。

孙中山在日本、美国漂泊的时间较长，沐浴欧风美雨，受之影响甚深。其中对西方的民主政治思想多有汲取，形成了他的政治思想内核，并为之努力践行。他曾有言："所以我们在中国革命，决定采用民权制度，一则为顺应世界之潮流，二则为缩短国内之战争。……我们革命党于宣传之始，便揭出民权主义来建设共和国家，就是想免了争皇帝之战争。"惜乎，时代并没有给他太多的机会和时间加以推进。此外，孙中山很早就接触到达尔文的《进化论》，关于"物竞天择、适者生存"的自然界法则，在人类社会中亦很典型，中国被列强蚕食就是一个例子，这让他看到了中国所面临的国际环境的残酷性和紧迫性。如果继续沉沦，无所作为，一个有着几千年的文明古国将面临灭亡的危险。故此，孙中山以一个职业革命家面世，在很大程度上就是要改变中国受列强欺辱的现状。但其内心，博爱思想一以贯之，始终追求"天下大同"与和平共荣，希望看到一个和谐的世界。这一点，是孙中山最为可贵之处，它应是人类社会进步发展到一个高层次后的必然选择，而孙中山的高瞻远瞩，敢为人先，有先哲圣贤之风。

至于理论体系，孙中山不是专门的学术研究者，更多的是从实用哲学出发，需要以此来解决现实问题。他是抱着怀疑的眼光，穷其衰败之源，究其开拓之路，从中寻求中国新生的答案。

在西方，基督教的力量和影响力是巨大的，它的宗教道德与博爱精神令孙中山心有所属，所以他很早就皈依了基督教，由此塑造了其道德情操和"天下为公"的博爱之心。

资本主义不是万能的，它也存在诸多弊端和矛盾，为解决这些问题，西方社会出现了各种改革思潮，从不同角度去阐发自己的观点，以为革新之利器。其中，对孙中山有重要影响的有三种思想：德国俾斯麦的"国家社会主义"、美国亨利·乔治的"社会主义"学说和俄国克鲁泡特金的《互助论》。孙中山是一位实干家，他读书、研究理论、撰写书稿，出发点都是经世致用，以解决中国的实际问题。他提出"内审中国之情势，外察世界之潮流，兼收众长，益以新创"，其目的和主旨，不外乎独辟蹊径，融合传统与兼及现代，去尝试走出一条具有中国特色的道路。他的贡献，尤其突出地表现在吸取西方的先进文化方面，洋为中用，以推动中国社会向前发展。

"中学为体，西学为用"是19世纪末20世纪初关于"中国发展之路"最为流行的一种学说，广为人知。其意以中国传统文化为根基，以西方现代化为利器，使之珠联璧合，相得益彰，使中国在短时间内迅速转变崛起，成为一个既秉持传统又具现代特色的新型国家。

问题是在固有的体制之内，能否实现突破和转型？这个问题好像最终依然没有能够得到很好的解决，洋务运动的结局，实际就是一个失败的例证。虽然中国在某些方面确实有所进步，但举国却未能取得质的变化，一道千年垒砌的门槛始终无法跨越。甲午战争中的完败，让我们看到了"中体西用"的不足，人为因素，制度优劣，在国与国的竞争中落伍，只能甘拜下风，赔款割地。

发展所取得的成果，包括精神和物质两个方面，伴随着变革甚至是革命而行。穿新鞋走老路，只能收皮毛之功，桎梏于陈腐制度之下的精神，依然得不到解放，这一点至关重要。很显然，对旧制度，若不施行外科手术，而由内而外，自上而下实行改良，是难以真正奏效的。虽然我们总是说，条条大路通罗马，可以选择不同的发展道路，但能否殊途同归呢？好像还不竟然。我们也可以解释这并非是西方国家的专利，但实质又有何不同？

孙中山尊重前辈学说，但他没有落入窠臼，而是摆脱传统思想的束缚，提出了一种更明确、更切合时代需要也更易操作的处理方式，其理论勇气可嘉。具体说来，有这样三个要点：一是虚心了解，学习中外古今。只有懂得有效汲取，才能超越历史，做出正确的选择。二是学习、研究是为了解决中国革命中遇到的困难与问题。孙中山非常明确，奢谈理论，不免南辕北辙，未见实效。只有与具体实践相结合，才能做到有的放矢，体现价值和意义。三是解决实际问题的思想和措施，往往因时而异，不断发展变化，不能墨守成规，因循守旧，而应积极地寻求变通，找寻最佳路径。这从孙中山的思想变化中有迹可循，最初他上书当道，呼吁改革；其后师法英美，发动民主革命；再后"以俄为师"，改组国民党，他总是在不断求新求变。这种"吾将上下而求索"的执著追求，是务实和睿智的。最好的未必是最适合的，而最适合的一定是最好的。

不过，在具体实践中，孙中山好像还是没能真正把握命脉，使中国"破茧成蝶""凤凰涅槃"。这是孙中山的错？是，也不是，简言之，这是因为受到认识高度的限制。西方国家的发展历程，其实已很清晰，也臻于成熟和完善。尽管还存在一些问题和不足，需要不断改进，但瑕不掩瑜。故此，既要清醒地认识，又要理智地对待，苛求绝对的完美和公正，"弊绝风清"，是不现实的。当然，传统的滞后作用相当顽固，"冰冻三尺，非一日之寒"，对此，孙中山也奈何不得。

孙中山不是一个纯粹的哲学家，并未建构相应的哲学体系，但他有着具备丰富内涵和闪烁智慧的哲学思想。他对物质与精神的理解，尤其是对精神的巨大主观能动性的重视，对知与行的认识，在学术上颇有意义。它不是简单地论述"行"在"知"先，而是对这一命题作了历史的、发展的阐述，以史为鉴，知古通今。同时，他又十分强调"知"的重要性、"科学"的重要性，称："吾人之在世界，其知识要随事物之增加，而同时进步，否则渐即于老朽颓唐，灵明日锢。"又曰："夫科学者，统系之学也，条理之学也。凡真知特识，必从科学而来也。"对于西方人文主义哲学思想，孙中山不是一味地全盘照搬和吸纳，而是理性地汲取，"在坚持人文精神和心性文明的同时，又肯定了理性主义与科学的成就"。

孙中山在政治思想方面提出了一些颇有新意的见解，他结合中国国情，做出了有益的尝试，是与时俱进，对后世多有借鉴之功。

明亡清兴之后，民族主义情结日甚，"排满兴汉"成为明遗民一直追寻的目标。最初，孙中山提出的"驱除鞑虏、恢复中华"，与其一脉相承。但是他把"排满"与建立民主共和结合起来，这是一大突破。民国肇始，孙中山的民族主义思想又进了一步，追求国内各民族一律平等。但他的思想在实践中还在不断发展，1919年撰写的《三民主义》概要中，标志着其大民族观的形成，他在书中提出民族同化形成"中华民族"以及民族精神问题。继之，又于1924年系统地阐扬了恢复民族精神以反对帝国主义侵略的思想。

作为一个成熟的革命家，孙中山始终保持清醒的头脑，他虽栖身国外，接触和了解西方社会甚至多于中国，但他没有数典忘祖，对于本土深厚的传统文化精髓注意汲取。他的民权主义不是原创，而是源于西方民主政治学说，但他有所创新，将"三权分立"发展为"五权分立"，除立法、司法、行政之外，加上"考选"和"纠察"两权。科举选士与监察制度在中国由来已久，是为特色。"五权分立"，其历史意义就在于通过考试制度选拔人才，加强对权力机构的制衡，扩大人民的参与，防止"用人唯亲"。

孙中山是从社会下层中走出来的，最了解民众的困境，特别关注百姓的权益，故提倡"直接民权"，批判"代议政体"。在西方社会普遍采用的议会制度，为什么到了中国就"水土不服"，漫无章法，形同虚设？辛亥革命后对中国现实政治状况的沉痛反思，让孙中山认识到此路不通，必须由人民来选举官吏，并有权监督他们，孙中山由此生成"直接民权"的构想。他提出了选举权、罢官权、创制权和复决权，这样，人民便可以直接管理国家的政治。

有了直接民权，尚不能解决具体问题，还需要有官吏执事，他们所掌握的"权"被称之为"能"。由此形成了孙中山"权能分离"的治政思想，"权"在人民，"能"在政府。他提出的这一构想，以权力制衡为基础，用以解决政府与人民之间的矛盾，其出发点是"主权在民""执政为民"。它闪耀着时代的智慧和超前的意识，诚如孙中山自我评价道："这个权能分别的道理，从前欧美的学者都没有发明过。"

要很好地实现宪政，必须理解它的作用。为了能充分认识实施宪政的重要性，有效地操作，必须在这之前，有一个训政时期。孙中山在1906年秋冬制订的《中国同盟会革命方略》中，明确提出了革命分为三期进行，其中训政位列第二期，以文明治理，督率国民，建设地方自治为目标。这一构想，不是凭空而设，而是他总结中外政治历史经验得失的产物。冯自由在《革命逸史》中指出："总理昔年常引中外各国史例多件，以证明民权之不易享受。谓略法国拿破仑之称帝，乃经通法人大多投票之选举。我国袁世凯之称帝，亦曾接受全国各省军政学商农工各界函电之请愿，皆民意也。……名虽民意，实则预种日后无穷之隐患耳。总理于民国前六年丙午，已高瞻远瞩，编制《革命方略》，划分建设程序为'军法、约法、宪政'之三时期。即为杜渐防微，期策万全之计。"

民主政治在中国的建立，并非一帆风顺，它经历了相当曲折的过程。在传统中国的社会环境中，封建意识长期存在，成为政治野心家篡权的温床。处在社会底层的大众无声言之权，逆来顺受，甘当沉默的臣民。在这样的情势下，实行民主政治，更容易为野心家所利用，民初的复辟、贿选以及军阀割据等等丑剧，都证明了这一点。正因为如此，孙中山特创训政以为"补救"，加强心理建设，启发民智，以培育百姓的民主和参政意识，促进公共参与和肩负社会责任的能力。

　　当然，人民大众的政治觉醒有一个逐步发展的过程，识别能力有一个不断提高的过程。在法治不健全、政治家缺乏从政道德、对野心家缺乏制约的机制下，短时间会出现新的独裁者，横行一时，但终其结局，都不会有好下场。随着政治制度的逐步健全与完善，人民大众的参政能力亦不断提升，玩火者必自焚。

十二

精神不死与域外传扬

中国是一个有着悠久历史的东方大国，曾经拥有的文明与辉煌，极大地影响了周边国家乃至整个亚洲。及至近代，辛亥革命，推翻帝制，创建共和，这不仅是中国历史上划时代的事件，在亚洲历史上的影响同样无可争辩。

孙中山不仅是近代中国民主革命的伟大先行者，也是亚洲殖民地半殖民地解放运动的伟大先驱。他为中国革命立下了不朽功勋，同时又非常关心亚洲各民族的命运，并为之指点迷津，堪称坚定的爱国主义者和崇高的国际主义典范。

孙中山具有卓越的远见和博大的胸襟，在他毕生的革命生涯中，始终满怀热情地关注和支持亚洲的民族独立和解放运动并寄予厚望，而不是把革命仅仅局限于中国范围内。他的思想学说对亚洲各国的独立解放起到了极大的鼓舞与推动作用，使得这一地区的民族解放运动如火如荼，并相继获得成功，这就赋予了孙中山的革命理论更加崇高和深远的意义。

19世纪以来，西方资本主义势力大举侵入亚洲，很多国家沦为殖民地半殖民地，遭受掠夺与奴役。殖民统治，激起了亚洲各民族的抗争，苏俄十月革命胜利后，民族解放运动更是蓬勃发展。

孙中山为中国革命奋斗的岁月，亚洲各国的民族解放运动正风靡云蒸。面对这一历史变革，孙中山的思想蓦然一新，他盛赞俄国十月社会主义革命，痛恶帝国主义干涉并予以猛烈抨击，反对西方列强统治奴役亚洲。因此，他在希望中华民族获得解放的同时，也希望亚洲各民族都走向新生。

孙中山1924年冬在日本神户所作的"大亚洲主义"的演讲，不仅充分表明了他对亚洲人民一以贯之的关怀，号召亚洲人民起来进行革命斗

■ 孙中山题字

■ 1924年11月28日，孙中山在日本神户高等女子学校发表关于"大亚洲主义"问题的演讲

争，更重要的是，他对亚洲被压迫民族的解放给予了极为宝贵的指引。这个被称之为"远东"的地区，各国的关系既是"唇齿相依"，又是"唇亡齿寒"，彼此有着共同的命运，面临相同的威胁。因此，联合亚洲被压迫民族共同反帝，有着深远的意义。

实践出真知，孙中山深切地认识到，列强是不会自行退出历史舞台，主动放弃既得权益的，民族的独立与自由，必须通过斗争方能达到目的。这无疑对当时那些想以调和方式以求得民族解放的梦幻者，具有醍醐灌顶之效。对亚洲各民族而言，革命是唯一出路。不特如此，孙中山深知，被压迫各民族都是一家人，必须携手向帝国主义作殊死斗争。尤其是那些弱小民族，凭借一己之力，很难撼动殖民统治。只有走联合之路，同心协力，方可获得解放。作为探路者的孙中山已从黑暗中走出，触摸到光明，将成功的秘籍和绝技，概括为"革命"二字。孙中山的大声疾呼，确实对东南亚国家有振聋发聩之效。坚定向前，唯有此路，才能通向新生的彼岸。

孙中山强调"亚洲是一家"的思想，是基于帝国主义殖民统治而言的。他的主张，就是摆脱欧洲列强的凌辱，共谋亚洲民族的独立和解放，发展与富强。显然，孙中山已跳出了狭隘的民族主义，他不单纯是中国资产阶级民主革命的先锋战士，亦成为亚洲殖民地半殖民地国家争取独立自由的领跑者。

孙中山武装反抗帝国主义的思想和"亚洲是一家"的主张，对东方被压迫民族的解放运动起到了很大影响，提升了他们的信心，激发了他们的斗志。印度总理尼赫鲁曾赞誉他"过去是将来也是为亚洲的自由而斗争的先驱者的象征"。印尼总统苏加诺也深情地说："孙中山的学说启发我去斗争。"又称，"亚洲是一家"的思想，他第一次是从孙中

■ 尼赫鲁

山那里知道的。在那个"众醉独醒"的时代，孙中山一如"先知先觉"的思想者，所有被压迫民族都希望在自己的国度中能有他这样一个引路人。因此，孙中山这一名字，不仅属于中国，更为整个亚洲拥有。

孙中山逝世后，亚洲各民族人民极为沉痛，深表哀悼，把这看成是亚洲人民的巨大损失。印度人民把孙中山的逝世称为亚洲人民"失了一个最伟大的公仆与最足顶礼的灵魂"；朝鲜人民把孙中山的逝世看成是"大星忽陨"；日本人民则认为孙中山的逝世是"今后亚洲民族之和平运动，从此失一领导者"。足见，孙中山对亚洲民族革命影响之大。国有界而思想无疆，他的许多学说有着普遍价值，可以共享。他之所以为人们爱戴与推崇，诚如列宁所评论的："孙中山先生便是亚洲人向着自由与光明奋斗的领导者。"

孙中山的革命思想，首先为当地华侨所接受，又通过各地同盟会会员，在这些国家的革命领袖和革命组织中广为传播，发挥作用和影响。如越南、菲律宾、新加坡、印度尼西亚、缅甸等国，他们的民族解放运动，都曾得到孙中山的支持与援助。同样，孙中山也认识到，中国同这些国家都饱受帝国主义的压迫和奴役，其命运是休戚相关的。因此，他利用各种机会，与各国革命志士共同商讨民族解放等问题。

经历了诸多起伏顿挫，孙中山的反帝思想愈加明确，"对外的责任，要反抗帝国侵略主义，将世界受帝国主义所压迫的人民连联结一致，共同动作，互相扶持，将全世界受压迫的人民都来解放"。

孙中山从革命开始，就深切同情和支持其他被压迫民族的解放运动。他呼唤"大亚洲主义"之目的，就是希望携手亚洲其他国家应对西方列强的"入侵""不做欧洲的殖民地，要做亚洲的主人翁"。他的革命思想和学说，不仅给国人留下了一笔宝贵的精神财富，而且在诸多国家的革命领袖和革命组织中，也产生了广泛而深远的影响。孙中山率先革命，并首获成功，为各国树立了一个很好的典范，因而成为引领群贤之精神象征。

在印度尼西亚，人们对孙中山的名字及其思想学说，早在一战前就相当熟悉了。印尼共和国的缔造者苏加诺总统回忆说，从1918年开始，"作为一个青年，我受到孙逸仙博士所提出的三民主义的鼓舞"，"我的心从那个时候起，在三民主义的影响下，深深地树立了民族主义的思想"，"我把三民主义同我精神世界里所接触到的伟大人物的理论结合在一起。最后，就成为我在1945年献给印度尼西亚的礼品"。

为什么孙中山的思想能在亚洲争取民族自由独立的国家这样深入人心，产生如此之大的影响？孙中山提出的民族主义，即主张针对帝国主义，团结各被压迫民族，共同反对殖民统治、反对封建君主专制，建立

民主共和的这一思想，顺应
当时亚洲民族觉醒的历史潮
流，也符合民族解放运动日
益高涨的时代要求。

一言以蔽之，作为一
位革命先行者，孙中山深邃
的思想，已超越国界，具有
普遍的实践意义。他就像一
架导航仪，让追随者不再迷
茫，勇往直前。

深受三民主义启迪的，
不只是苏加诺，还有缅甸民
族解放运动领袖、爱国僧侣
吴欧德马。1907年他在日本

■ 孙中山

与孙中山得以一见，一番交谈后，茅塞顿开。回国后，吴欧德马积极投
身到反对英国殖民统治的民族解放斗争中。他还同缅甸人民团体总会的
领导人一起发动"温达努"即"爱国的民族精神"运动。当时的缅甸进
步青年为寻求革命真理，莫不受益于孙中山的学说。孙中山病逝后，吴
欧德马悲痛万分，专程到北京吊唁，深切怀念他同孙中山的友情、三民
主义对他思想的启示和对缅甸革命的影响。孙中山的著作《三民主义》
被译为缅文出版，其三民主义思想在当地流布甚广，沁入人心。

孙中山在日本逗留期间，还结识了菲律宾反抗西班牙统治的革命
者马里亚那·彭西。由于志同道合，两人交往甚密。菲律宾抗美救国战
争爆发后，彭西需购置一批军火，他向孙中山求助，孙欣然答应，还相

孙中山积极支持亚洲各民族
独立解放运动，图为1898年夏在
横滨会见菲律宾独立军代表彭西

约，当菲革命军大举反攻时，他以及兴中会的会员将取道小吕宋埠入菲助战。他几经周折，于1900年为菲律宾革命者运出第一批武器弹药，因此，菲律宾革命者对孙中山的真诚援助心存敬意。同样，菲律宾革命志士也非常关心孙中山领导的反清革命，当闻知中国革命党军费拮据时，当即馈赠日金10万元。当值此时，犹如雪中送炭，"大有力焉"。

中菲双方在革命困难时期，真诚互助，结下了深情厚谊。彭西于1912年在马尼拉出版的《孙中山——中华民国的创造者》一书中记述，"这位伟人是谦逊而坦率的，对他个人生活要求很严格"。他说，孙中山善于把远东许多国家出现的问题综合起来加以研究，认为有许多共同点。而且认为彼此需要建立相互认识、相互了解的关系。在他的影响下，在东京成立了"东方青年协会"，来自许多国家的青年加入这一组织，共同从事革命活动。为支援菲律宾反对西班牙的独立战争和抗美救国战争，孙中山在政治上给予热情支持，在物力上给予竭力帮助，在人力上给予积极的支援。后来的菲律宾史学家在论及这一事时写道："菲律宾人民就是这样永远感激着中国的恩德——一种不是用鲜血或金钱所能报答得了的恩德。"

孙中山同越南革命先行者的接触，也是始于日本。孙中山读过潘佩珠所著《越南亡国史》一书，对作者谋求越南独立、反对外国侵略的坚定意志深表敬重。同样，潘氏久闻孙中山大名，十分推崇。1905年，他们在日本横滨相见，这成为潘佩珠树立民主共和思想的重要起点，诚如其所言："胸中含有一番改弦易张之动机，则自此始。"在孙中山的强烈影响下，原本接受康有为、梁启超君主立宪思想影响甚深的他，于1912年提出了"取消君主立宪，建立民主共和"的政治纲领，成为坚定的民主共和制的倡导者。当时，孙中山就表示，如若中国革命胜利，将全力支持越南革命。潘也表示，如越南获得独立，将以越北作为根据地，向两广进发援助中国革命者，争取获得中国革命胜利。1902年—1907年间，孙中山数次赴越南，在河内、西贡等地华侨中组织兴中会和同盟会的活动，并在河内设立指挥机构，就近策动国内起义。

1911年，越南革命处于低谷，潘佩珠等革命者避居泰国相机行事。辛亥革命的成功，令他们倍受鼓舞，信心剧增。许多越南革命志士云集广州，重新积聚力量，以图再举。潘佩珠则从广州赴南京，与孙中山相见，聆听指教。孙中山指令黄兴和广东革命政府要为越南革命志士提供便利。1923年孙中山在广东主持北伐时，越南革命领导人胡志明曾在这里组织"亚洲被压迫民族协会"，吸收越南、朝鲜、印尼等国革命者参

■《民报》书影

加活动。

孙中山和同盟会对印度人民的反英斗争，同样表示出真诚的关怀和同情。同盟会机关报《民报》曾多次刊载印度革命的内容，在一篇题为《印度中兴望》的编者专论中写道："东方文明之国，荦荦大者，独吾与印度耳。言其亲也，则如肺腑，察其势力，则若辅车，不相互抱持而起，终无以屏蔽亚洲。"尽管甘地倡导的非暴力不合作运动与孙中山选择的革命道路方式迥异，但他对甘地坚定的革命意志充满敬意，多次在演说中表示支持印度人民斗争，希望他们早日获得民族独立。

孙中山在反清革命运动期间，在海外积极从事各种宣传、筹款工作，新加坡是一个重要据点。中国同盟会新加坡分会，曾是同盟会南洋地区的总机关。出版的《中兴日报》，则是革命派的宣传喉舌；同德书报社则为宣扬孙中山思想和主义的活动中心，以开启民智。

孙中山病逝后，为了纪念他，同德书报社定期举行与孙中山有关的活动，包括：（1）追悼孙中山纪念大会；（2）纪念中山诞辰大会；（3）就职非常大总统纪念日；（4）纪念总理首次起义；（5）纪念黄花岗烈士大会；（6）庆祝国庆。人去也，但精神还在，孙中山的爱国情操，继续存在于新加坡华人社会中。在这种持续的纪念和宣传下，孙中山的精神及其影响，非但没有减退，反而与日俱增。

随着日本出兵干涉中国到中日战争全面爆发，新加坡都会及时召开会议和举办各种活动，以筹款赈灾的实际行动加入抗日救亡的行列，同时提醒当地人要学习孙中山的爱国精神，支持祖国的抗日运动。在各种周年纪念大会上，孙中山的主义和精神成为激励士气和鼓舞团结奋斗的利器。新加坡的民族解放运动，得其先天之优势，从孙中山的革命思想和主张中，汲取了许多革命方略，使之不断发展。

■ 甘地

■ 孙中山

　　1910年，日本将朝鲜纳入自己的殖民地，朝鲜争取民族独立运动随之而起。最初，他们对于民族独立并无具体的政治意识形态或指导纲领，之后，孙中山革命运动以及1917年俄国革命的胜利，为朝鲜争取独立运动的领导人提供了强有力的思想武器，认识到新朝鲜之改革，必须立足于立宪国家、民族主义与道德主义。孙中山的一系列思想学说，是为他们所遵循的摹本，启发了他们的心智，为朝鲜民族独立运动的发展，提供了精神上的支持。

　　"天不生仲尼，漫漫如长夜。"20世纪初，虽然沉睡多年的亚洲各民族如梦方醒，但尚处在混沌和懵懂之中。从这一层面言之，孙中山起到了明灯高悬的作用。他就似一颗启明星，在黯淡的黑夜中，提前点亮了革命者的心灯。他们无须在黑夜中艰难跋涉和求索，因为前行的路已在脚下。

　　数十年来，孙中山就像一位辛勤的播火种者，高擎革命火炬，在照亮自己的同时，也点亮别人。他孜孜以求而坚持不懈地在亚洲人民中间广为宣传革命，给予各国民族解放运动以极大的支持和援助。他声明，"中国如果强盛起来，我们不但是要恢复民族的地位，还要对于世界负一个个大责任"。为了践行自己的诺言，他克难奋进，因而在国际上获得崇高声誉，堪称一代精神导师。

　　孙中山是伟大的爱国者，对于处在帝国主义时代的殖民地半殖民地人民来说，要爱国必然"反帝"，这是唯一之路。因此，孙中山高举反帝旗帜的行动，直接影响和推动了亚洲民族解放运动的发展。如果没有明确的目标和坚定的行动，在亚洲大地上，就不会有一个个国家相继取得独立。这充分显现了孙中山及其精神的伟大。

　　辛亥革命，推翻帝制，建立共和，对东南亚各国的影响广泛而深远。前面的路何去何从，原本不明，亟待指引。是孙中山等革命党人披荆斩棘，使中华民族突破千年藩篱，获取新生。这一成功的范例，点燃了各民族的希望之灯。随之而产生的"多米诺骨牌"连锁效应，几乎覆盖了亚洲东方各国。无论大小起伏、先后迟早，革命已是大势所趋，不可逆转。最终，殖民统治成为绝响，独立的旗帜，在这些国家高扬，20世纪中叶的东方亚洲，自此"旧貌换新颜"。这一脱胎换骨、革故鼎新的嬗变，翻开了历史新的一页。从这样的高度和视角去审视孙中山，去认识革命先驱者的作用，将会更加高瞻和深远。

十三

认知局限与瑕不掩瑜

为了更好地认识西方，了解世界潮流与发展，孙中山阅读了大量有关书籍，如他在撰写《三民主义》初稿时，就曾经参考西文书籍达数百种，从中汲取有益的部分，提出了一些新的见解，丰富了自己的思想内涵，同时对创建民主共和政体，多有裨益。但勿庸讳言，孙中山的认知还是有其时代局限。

中国积贫积弱，要解决这个问题的最根本办法，就是要走"实业救国之道"。换言之，"要解决民生问题，一定要发达资本，振兴实业"。但是，随着实业的发展，又必然会产生一个民生问题，即社会的贫富不均，会引发阶级斗争和社会革命。

这一问题当时在西方国家已经出现。一方面孙中山坚持不懈地奋斗，正是为了使中国成为西方那样的资产阶级民主共和国；另一方面又要避免中国在实现社会革命胜利的同时，重现西方资本主义国家的这些弊病。孙中山孜孜以求，想找出一种既类似西方，又不完全雷同于西方的方法以解决西方的社会问题。

通过一些简单的实例，孙中山看到了西方贫富的两极分化，这必然会导致阶级的分化、对立和冲突，严重一点，还会引起社会革命。让孙中山感到万幸的是，由于中国的实业尚未发展，因而还未出现贫富悬殊和阶级分化，阶级斗争亦尚未发生。因而可以在发展实业之前就设计出一种有效措施，以"防患于未然"，阻止私人大资本的出现，从而避免社会贫富不均。

为解决中国的经济问题，孙中山创立了民生主义，他自己解释说："民生主义，即国家社会主义也。""民生主义，即贫富均等，不能以富者压制贫者也。"民生主义就是"民享"，就是"所得的国家利益，由人民共享"。"民生主义就是社会主义，又名共产主义，即大同主义。""民生主义，就是平民反对资本家。"

民生主义"最重要之原则不外二者，一曰平均地权，二曰节制资本"，这是孙中山所设计的具体办法。

前者通过实现土地国有化，既可以解决中国的贫弱及人民的"衣食住行"问题，又可以防止贫富分化及社会革命的发生，是一举两得。在他看来，只要实现"平均地权"，大量土地由国家操控，或授或租，使"耕者有其田"，中国的民生问题就能基本解决，民生主义也随之基本实现。但孙中山主张用和平的方式解决这个问题，既让农民得益，又不使地主受损，这就让人感觉前后失据。因为除非使用特殊手段，否则地主岂会主动无偿出让或提供土地？

后者即将"节制私人垄断资本""发展中小资本"和"发达国家资本"看成不可分割的整体，作为解决中国民生问题的一个重要方法。中小资本的发展有利于国计民生，国家资本的发达则能创造出巨大的利益，造福全体人民，二者相结合可以从根本上解决民生问题。孙中山认为，通过限制私人垄断资本和发达国家资本，就能避免因实业发展而产生的恶果。他主张政府要在发展规模和经营范围上对私人垄断资本和外国资本进行限制，还主张采取累进税率以多征资本家的所得税和遗产税。

问题是，他极力主张的平均地权，是一把双刃剑，它体现了公有思想，无疑又限制了私人资本的获利收益。在为普通民众获得利益的同时，也扼杀了通过资本积累而发展起来的工商资本家。将主观想法强加于客观现实中，破坏了固有的经济氛围，从社会运行的轨迹来看，必将减缓其发展速度。

孙中山对他的民生主义充满信心，把它看作是解决中国社会经济问题的灵丹妙药，故在辞去总统后，全力去实施这一主义。然而，反响出乎预期，赞成者有之，而多为反诘和批评者。即便是革命党人控制的广东，在最后通过的修正方案中，也删去了"平均地权"的内容。孙中山想试行"平均地权"的计划，就此搁浅。

再如关于"节制资本"问题，孙中山更多地是希望看到举一国之力而发展国家资本主义，但在当时，这显然不利于生产力的发展。中国近代工业极其落后，急需扶植民营工业，调动大众的投资热情。晚清的官办企业，由于"权操于官"，化公为私，贪污腐败，已走进了"死胡同"，是穷途末路。而官督商办和民营企业，颇有生气和作为。特别是1901年出台的"新政"，推出一系列扶植民营企业之举，使得近代工业逐渐勃兴，社会经济得以发展。

还应该看到，内战迭起、外患频仍下的近代中国，财政极度拮据，根本无法筹集到大量资金。对于这一点，孙中山有切肤之痛，临时政府成立之初，财政状况恶化，政府几乎无法运转。显然，在短时间内要想改变中国现有的经济状况实难做到，没有钱，发展国家资本主义就是一句空话。不唯如此，经济模式应该多样化，它们之间可以互补，形成一个既有分工又有合作，既有国有亦存民营的经济共同体。

1918年第一次世界大战结束，孙中山洞悉战后会出现一个发展良机，于是形成了他"国际共同发展中国实业"的构想。仅仅依靠本国之力，显然不足以改变"百孔千疮"的社会现实，于是想到了借助外力，1919年发表的《实业计划》，就是在这样一个指导思想下出炉的。他把这份计划分送给外国有关人士，希望能得到他们的支持。孙中山的想法很单纯，很天真，甚至有点"异想天开"，要知道，无论是外国政治家还是资本家，都不是轻易撒钱散财以拯穷乏的主。他们的回复令人呜咽，实在羞于落笔。不幸，《实业计划》成了一纸具文。

孙中山谋划发展国家资本主义有着良好的初衷，但此前中国官办企业的不幸终结，已是一面不堪正眼相视的镜子；同时近代民营工业正进入到一个发展的"黄金时期"，另起炉灶的结局，很难避免重蹈覆辙的命运。虽然孙中山"妙笔生花"，但很显然，《实业计划》只是理论上的美好愿景，并非是付诸实践中的实用蓝本。

不唯如此，已经在政治舞台上占有一席之地的绅商集团，他们拥护君主立宪政体的政治态度十分明朗。曾几何时，因清政府拒绝进一步进行政治改革，导致绅商失望，一时倒向革命派，支持临时政府，但他们并不赞同孙中山的经济思想与政策，因为这涉及立宪党人的切身经济利益。今天的历史教科书多用"代表民族资产阶级"来概括孙中山的立场，但在当时商人眼中，他却未必就是他们利益的代言人，因为孙中山的革命主张中带有部分公有制和共产主义的色彩，连他本人都承认实业界人士反对民生主义。因此，在当时的历史语境下，他们必然要从自身去取舍，为了保全利益不被侵犯，最终他们选择向右转，与袁世凯合作。这并非立宪派有意与革命党人为敌，而是现实使然。很显然，在20世纪初的中国，推行节制资本主义，发展国家资本主义的政策，有违于当时的国情。既对发展社会生产力不利，亦有害于资产阶级革命事业。

一直以来，在人们印象中，立宪派与革命党人不同道，岂相谋？实际上这又不是绝对的，他们之间有过合作，甚至一些立宪党人曾力促革命。客观地说，为推翻清廷统治，建立共和，立宪派与革命派求同存异，取得过暂时的一致，而帝王最终"逊位"，就是革命起义与立宪运动合流所致。从武昌起义及其后的实际情况而观，无论是响应和策动的中坚分子，还是汉口、上海两地筹组中央政府以及南京临时政府组阁，其中都有两派成员通力合作的身影，显现了"携手共谋"的态势。至于后来的结果虽不免令人失望，但在当时，至少彼此都表现出给予对方足够的尊重。对于这一历史发展进程中的细节，不应忽略。

受国外交通发达的影响，孙中山心底一直深藏谋划铁路建设的构想，他曾多次谈及此事，只是筚路蓝缕的岁月，让他无暇顾及。如今，革命暂告成功，他本人也成"在野之身"，可以专心致志地从事这项工作，以圆强国之梦。

他的这一设想由来已久，既缘于"地球各邦今已视铁路为命脉矣"，又囿于国内运输之落后。孙中山充分认识到铁路建设在国民经济中的重要地位。当其一揽子社会革命规划受阻后，便决定以此作为革命实践的中心项目。解职后的第三天，孙中山由宁赴沪，随后前往武汉、福州、广州等地参观视察，并多次发表关于民生主义的演说。这段时间，他对交通特别是铁路建设尤感兴趣。在武昌之际，他就在演说中提出要建造长江大桥，将武汉三镇联为一体；6月中旬，又在上海提出一份修建全国铁路大干线的计划，并不辞辛劳向各界宣传他的筑路主张，颇有"老夫聊发少年狂"，"语不惊人死不休"之气概。

是时，政坛角逐日甚，宋教仁正筹组联合事宜，以便在国会中成为多数党，实现组织责任内阁的目标。但孙中山好似置身度外，他写信给宋教仁，其中谈到"若只从政治方面下药，必至日弄日纷，每况愈下而已。必先从根本下手，发展物力，使民生充裕，国势不摇，而政治乃能活动"。在他看来，经济是根本，若是社会发展了，诸事皆可迎刃而解。

而在国民党成立大会上，孙中山也只是中途到场发表演说。尽管因其威望，他仍被选为理事长，但他一再推却，最终只作为名义上的领袖，而将实际工作全部交予宋教仁。

我们不敢妄言此时的孙中山对政治有些心灰意冷，但至少他表现出了对政治问题不愿多加过问的姿态，这从他受袁世凯之邀北上与之交谈中可见端倪。孙于8月18日抵京后，与袁世凯晤谈多达13次，每次谈话时间自下午4时至晚10时或12时，更有三四次谈至夜半2时以后。

一次，袁称："刻下时事日非，边警迭至，世凯识薄能鲜，愿先生有以教我。财政、外交，甚为棘手，尤望先生不时匡助。"孙答曰："如有所知，自当贡献。惟自军兴以来，各处商务凋敝，民不聊生，金融滞塞，为患甚巨。挽救之术，惟有兴办实业，注意拓殖，然皆恃交通发达为之媒介。故当赶筑全国铁路，尚望大总统力为赞助。"

两人在会谈中都表达对实业的注重，不为总统之位争，而竞争为实业家。孙表示自己此后当从事于社会事业，且从事于此，当较袁更为适当。袁则立即提出抗议，谓："我虽系历来做官，然所办之事，却以实业为第一大宗，从前在北洋即立意专派实业学生，至于政法学生，实在因为不得已而后派者。"孙又力驳，"我做此等事，必较君更能取信社会"，并谓："十年以内大总统非公莫属。"

某晚，孙语袁，请袁练成陆军100万，自任经营铁路，延长20万里。袁微笑曰："铁路事君自有把握，若练精兵，百万恐非易易耳。"

对于孙中山20万里的铁路计划，在清末曾主持过铁路建设的袁世凯，知其艰辛，绝非易事，但他并不愿因此与孙抵牾，而愿以此作为孙远离政治的交换条件，所以还是表示予以支持。

袁世凯十分高兴地看到这位强有力的政治对手能够卸甲归田，置身事外，特于9月9日授予孙中山"筹划全国铁路全权"，通盘考虑和设计全国铁路系统的计划，并向外国银行团商借修路款项。另表示每月拨3

万两，作为孙的经费。

窥斑见豹，我们似乎看到另一个心有所属的孙中山。当然，他不问政事，专注民生，也可能是韬光养晦之举，"十年生聚，十年教训"，虚虚实实，以迷惑敌手，待机东山再起。

孙中山对中国铁路建设有着一个宏伟的蓝图，其想法已不完全是一个理想，而是有了具体的规划，南、中、北三大干线，清晰了然。但是，除了他的演讲与规划搞得轰轰烈烈外，并无多少实际进展。一来宏愿太大，计划在10年内修筑10万英里铁路，有吞象之感；二来身无分文，想"借鸡生蛋"。对铁路建设的过分热心和投入，使孙中山大胆地提出，在不损害主权的条件下，借60亿外债以全力推进。

孙中山希望改变落后现状的急迫心情可以理解，但在当时的中国，这是一件可望而不可即的事。

临时政府成立后，张謇与孙中山首次会晤，交谈中，他就觉得孙中山把事情想得过于简单和浪漫，殊不知建设比革命更加困难。孙中山有着坚强的意志，敢想敢为，但这就易造成冲动。西方工业社会的历程，不是一蹴而就，现代化的交通积淀了许多时日的努力，渴求朝夕之间就迈入其境，显然不切实际。

对待具体问题，"缓进"与"激进"，要有一个度的把握，分寸掌握得恰到好处，水到渠成；反之，则过犹不及，遂致"南橘北枳"。

孙中山发展交通的这一急进主张，可谓曲高和寡。他注定成不了俞伯牙，不仅未得舆论支持，甚至遭到责难，原因很简单，目标太宽大可望而不可即。先前政坛"失意"，如今商战亦很失落，孙中山有点不堪其哀。

中国是一个封建大国，千年的皇权专制传统植根甚深，影响颇巨，所谓"普天之下，莫非王土，率土之滨，莫非王臣"。在近代反帝反封建的历史进程中，民族主义思想很容易凝聚全民之力，一呼百应，反对外来侵略。但是，反对专制皇权的封建主义思想，建设民主共和制度，却是举步维艰，阻力不小。究其原因，封建皇权有着强大深厚的传统根基，"人治"和"专制"乃天经地义，人们已习以为常，只希望能遇上一个好皇帝，国泰民安。孙中山在批判皇权主义方面，在20世纪初他同保皇派的三场论战，都取得了不错的成效。但对其深层危害，没能引起足够的注意和无情的揭露，未能从根本上破解它对整个社会的束缚。即便他本人，也未能彻底走出对个人效忠的皇权思想，如要求中华革命党党员向他按指印，宣誓入盟，就是一例。

■ 1915年遐思冥想的袁世凯大总统

■ 孙中山坐像

再者，袁世凯背叛共和，复辟帝制，"抬轿"者甚多，但还是未能引起他的警觉，更谈不上从中汲取教训。其后北洋军阀割据，各势力集团首领俨然土皇帝。接下来的新文化运动和五四运动，对封建专制主义思想形成了巨大冲击，但孙中山还是未能审时度势参与其中，与批判皇权专制主义思想的机会再次失之交臂。民国虽立，但封建残余依旧顽固，招摇过市。

孙中山自1894年走上推翻清廷的道路，一直到1924年黄埔军校建立，才开始创建自己的革命军队。30年中，孙中山曾发动过多次武装起义，或依靠会党，或策反清廷武装，或由革命党人冲锋陷阵。队伍不整，缺乏有效组织，往往仓促行事，一击便败下阵来，吃尽了没有一支真正属于自己的军队的亏。此外，孙中山赞同"合谋而分举"的方式，无意建立根据地，这种星星之火，未及燎原即被扑灭。军事起义非同小可，须谋定而动，否则不知高下而以小搏大，无异以卵击石，得失全然不成比例。孙中山是文人而不是武将，他不擅长军事，缺乏谋略，所以，一次次积蓄力量，一次次举义，又一次次失败。

从孙中山一系列的活动中可以看到，他总是以"君子之心"看待狡诈而拥有军事实力的政治对手，结果往往被其假象以及一时的表现所蒙蔽和迷惑，"不识庐山真面目"，到头来吃尽苦头，对待袁世凯就是一个典型例子。俗话说"防人之心不可无"，可孙中山做不到。他卸职后，为了防止袁世凯口惠而实不至，竟以一纸《约法》为凭，以为这样就可以束缚他；又试图利用"宣誓"昭告天下，以监督其遵守《约法》，归顺民国，履职尽责。可擅长权术的袁世凯只略施小计，就将《约法》践踏得体无完肤，用铁与血写下一段惨烈的历史。袁世凯在北京就任临时大总统后，对孙中山又极尽笼络之事，邀其来访，予以种种荣誉和赞赏，一番虚辞又遮掩住他的双眸。及至"宋案"发生，袁世凯真相毕现，但孙中山毫无思想准备，只得仓促应对。

推翻清廷，是孙中山最为迫切的目标，出于这种需要，他在关键时刻亦会冒险行事。为举义筹款，一直是孙中山海外工作中的重中之重，为解决这个"无米之炊"的大难题，他有过鲁莽大胆之举，甚至有失原则。他的注意力全都集中在推翻清廷这一首要任务上，不免就忽略了为取得某些支持而有可能失去大义。即便是民国肇始之初，为了抗衡袁世凯，他极力争取"日援"，亦不惜牺牲主权，以租借国土换取金钱，这完全是一场危险的政治博弈。政坛角逐，唯利是图，想要别人襄助，是要付出相应代价的，孙中山似乎也不能游离于游戏规则之外。况且他一无所有，在这样的情势下去争取外援，唯有以利权为允诺。出此下策，也是情非得已，目的就是要击败袁世凯。对此，孙中山也很痛苦，曾言："其不敢爱惜声名，冒不韪而为之者，犹之寒天解衣付质，疗饥为急。"

但求助的外援干涉本国事务，无异于开门揖盗，"驱虎进狼"，饮鸩止渴，是后患无穷。总之，作为一个革命家，孙中山尚缺深思熟虑的策略，他有百折不挠的坚定，却无灵活变通的权谋。就政治而言，权谋等同于智慧，在这一点上，孙中山应不属上乘。

推翻帝制，建立共和，孙中山做到了，但这只是其"共和之梦"的阶段性成果。未来之路还很长，还有一系列的问题需要解决，反对外国列强，联合平等待我之民族，实行宪政，发展经济，富国强兵这些重任，终其一生，他都是壮志未酬。

这除了外部因素的制约，亦有其内在的思想局限的原因。简而言之，孙中山崇尚"经世致用"，他把中外思想文化当作一部丰富而实用的知识宝典，每每遇到问题和困难，便按图索骥，希冀从中寻觅到解决的现成方案，以为这样问题就可以迎刃而解。殊不知理论与实践之间多有差距，难以一一对应，无缝对接。

以个人修养而论，孙中山品德高尚，日本著名政治家犬养毅曾这样评价说："一、他是一位诚实不说谎、言行一致的人物。二、他笃信自己的学说：提倡共和主义，树立平等的旗帜。这是谁也不能动摇的，也是亿万黄金不能买他的。他的这种人格可能是由宗教信仰上而得来的，以这种伟大的人格有笼盖无数人心的威力。三、清廉节俭，不爱金钱。"但在政治实践中，他充盈书生之气，意志虽决，然则不擅权术，面对残酷的现实，不免导致"诸事难成"，令人徒生感慨。孙中山研读儒家学说并时有汲取，但对一部"二十四史"好像认知不够，他没能走入历史的"血与火"中，使得他在现实的"血与火"中常常碰壁。他也缺乏特有的审时度势的眼光，在某些问题上，在对形势的认识和大局的判断上，时有失误。

人无完人，孙中山对国情亦缺乏更加深入的分析。由于清廷采取高压统治，国内的政治环境恶劣，包括孙中山在内的许多革命党人只能长期浪迹国外，这种经历就决定了他了解国外更甚于国内。加之他从未有过仕途履历，不谙官场政事，难以深层把握复杂的社会动因和客观的发展情势。如果孙中山能够坦诚地吸纳别人的见解和意见，取长补短，这些缺陷是可以逐步克服和弥补的。可问题在于随着个人的地位和声誉日隆，孙中山也滋生个人威权，不免主观臆断，甚至时有独断。所谓"知人者智，自知者明"，他不能理性地对待自己，亦也就无法客观地面对别人，这就使得他在若干重大问题上遭遇困难并接连受挫。

尽管如此，大醇小疵，瑕不掩瑜，孙中山是当之无愧的中国民主革命的先行者，因为在他为革命奋斗的30多年里，正是近代中国最为黑暗的时期，国将不国，民不聊生，长夜漫漫路迢迢，仿佛看不到黑暗的尽头，更不见国家和民族的希望。假如没有孙中山强劲有力的声音，催人警醒，使人奋起奋进，中国的历史也许还会持续暗淡甚至加剧。因此，在这方面，他起到了振臂高呼的引领作用，成为中国社会变革的最大推动者。正是由于孙中山坚强的信念、不懈的努力和从不言败的斗志，中国一举结束了两千年封建帝制，开创了社会的现代化进程。

图书在版编目（CIP）数据

孙中山画传 / 韩文宁著.—杭州：浙江大学出版社，2017.9
ISBN 978-7-308-17153-3

Ⅰ.①孙… Ⅱ.①韩… Ⅲ.①孙中山（1866-1925）-传记-画册 Ⅳ.①K827=6

中国版本图书馆CIP数据核字（2017）第176329号

孙中山画传

韩文宁　著

责任编辑	谢　焕	
责任校对	田程雨	
封面设计	彭若东	
出版发行	浙江大学出版社	
	（杭州市天目山路148号 邮政编码310007）	
	（网址：http://www.zjupress.com）	
排　　版	浙江时代出版服务有限公司	
印　　刷	嘉兴华源印刷厂	
开　　本	710mm×960mm　1/16	
印　　张	19.25	
字　　数	214千	
版 印 次	2017年9月第1版　2017年9月第1次印刷	
书　　号	ISBN 978-7-308-17153-3	
定　　价	48.00元	